U0362616

北京大学
120ᵗʰ ANNIVERSARY OF PEKING UNIVERSITY
1898—2018

PEKING
UNIVERSITY
1898—2018

百廿之歌

北京大学 120 周年校庆
筹备委员会秘书处　编

北京大学出版社
PEKING UNIVERSITY PRESS

图书在版编目（CIP）数据

百廿之歌／北京大学120周年校庆筹备委员会秘书处编. — 北京：
北京大学出版社，2018.4
ISBN 978-7-301-29419-2

Ⅰ.①百… Ⅱ.①北… Ⅲ.①北京大学–纪念文集
Ⅳ.①G649.281-53

中国版本图书馆CIP数据核字（2018）第052456号

书　　　名	百廿之歌	
	BAI NIAN ZHI GE	
著作责任者	北京大学120周年校庆筹备委员会秘书处　编	
责 任 编 辑	李冶威	
标 准 书 号	ISBN 978-7-301-29419-2	
出 版 发 行	北京大学出版社	
地　　　址	北京市海淀区成府路205号　100871	
网　　　址	http://www.pup.cn	
新 浪 微 博	@北京大学出版社　@培文图书	
电 子 信 箱	pw@pup.pku.edu.cn	
电　　　话	邮购部62752015　发行部62750672　编辑部62750883	
印 刷 者	天津光之彩印刷有限公司	
经 销 者	新华书店	
	889毫米×1194毫米　32开本　8.75印张　205千字	
	2018年4月第1版　　2018年4月第1次印刷	
定　　　价	36.00元	

这里是永远的校园

这里有你我的青春

編者簡介

北京大学120周年校庆筹备委员会秘书处

顾　　　问：李岩松　王　博

主　　　编：胡新龙

副　主　编：黄宇蓝　张　静　许　凝

执 行 主 编：刘　东

执行副主编：肖吉雅　王冰璐

编　　　委：（按姓氏笔画排序）

田　淼　　　吉　淳　　　李梦涵　　　李斯扬

李毓琦　　　杨泽毅　　　张炜铖　　　张润芝

陈泽阳　　　陈雅芳　　　赵莹钰　　　姚张卓玥

高竞闻　　　黄竹莎　　　符　尧　　　程　阳

舒卜粉　　　谢　宇

目录

校庆，庆什么

中国语言文学系 2013 级本科生　　刘　东

光华管理学院 2013 级本科生　　　陈泽阳

每天清晨时分，当北大学生从百周年纪念讲堂的门前匆匆而过的时候，他们知道正在经过的是纪念校庆的一座建筑。

建筑为校庆留下了外显的痕迹，这里早已成为北大新生与毕业生的微笑瞬间的定格之地。但校庆不只是一场纪念大会，还有更多的痕迹绵延在一所学校的生命之河里。十多年前，小行星命名仪式、世界著名大学校长论坛、校园建设与古建筑整修、筹备"百树园"在内的多项新奇、丰富的活动，一同组成了那场百周年校庆的难忘记忆。

校庆，庆什么？校庆可以做哪些？回顾百余年北大校庆，历史可以给我们答案。

◀ **留念：源远流长的《北大河》** ▶

第一次有史可查的北京大学庆祝大会是在 20 周年。那是在 1918 年 12 月 17 日的法科大礼堂。原本计划 25 周年才大庆的北大，因为有"学生数人临时发起"，匆促中为 20 周年举办了演讲纪念会。

蔡元培在那次演讲中谈到，演讲会与纪念册，这是来

刘复先生小影，选自《北京大学
同学毕业纪念册》（1933）。

源于德国高校的传统。

12 年后的 1929 年，是北大从"复校风波"中逐步恢
复元气的年份。在这一年，北大重新恢复独立建制、星散
各地的教授与学生逐渐返回，卅一周年的校庆，介于胜利
复校的兴奋和饱经动荡的辛酸之间。

也正因此，1929 年出品的《北京大学卅一周年纪念
刊》诸文章大都严肃而庄严："我们认定本刊底使命是在乘
了这个纪念底机会来对过去一切施行一个总检讨。"

刘复为校庆所撰写的文章《北大河》，却成了一个"例外"。在教授们坐而论道，展望北大明天之时，刘复先生把目光投向了流经北大门前的一条水沟。他调皮地认为，疏浚这条水沟，两旁栽植杨柳，对全校同人的精神修养有着更为重要的意义。

在"典范堂皇的纪念刊"中"油皮滑嘴"，刘复先生也自觉到了这篇文章内容上的"不合时宜"。这篇写在刊物结尾的文字，虽只言杨柳，不谈时事，实则不动声色间暗讽了所有此前以庄严姿态出现在这本刊物中的诸先生。

"多做点学术"，这正是当时北大人的共识，刘复不过是换了种讲法。在这个意义上，高头讲章的先生与"油皮滑嘴"的刘复意见并无相左。不过，或许在他看来，既然要"痛定思痛，潜心学术"，"纪念"的号召是无力的，"多谈些问题，少说些主义"，则要来得更为踏实。

但遗憾的是，留给北大人"痛定思痛，潜心学术"的时间并不多。

仅仅两年之后，"九一八事变"的危机随之感染到华北。1929 年大部分人共识的"潜心学术"，在 1931 年卅三周年纪念会上，成为北大人反思自己"愧对社会""粉饰太平"的缘由。华北的书桌该如何安放，到了 1933 年的卅

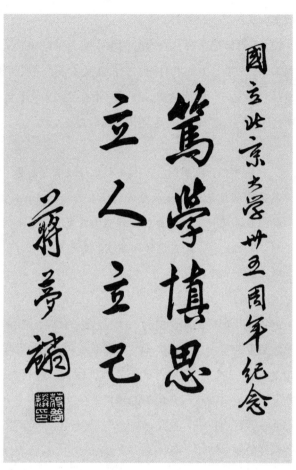

国立北京大学卅五周年纪念

笃学慎思

立人立己

蒋梦麟

蒋梦麟为《卅五周年纪念刊》题签。

五周年大庆，又一轮的讨论兴起。

《卅五周年纪念刊》由当时的学生会仓促赶出。从征集到编印，只花了九天的时间。三位教授参与了这次征稿。刘复是其中之一。然而这次，在《三十五年过去了！》一文中，"自诩油滑"的刘复笔调却无比沉重：

> 同学们，同事们，三十五年已经过去了，愁眉苦脸的校徽正在昭示着我们愁眉苦脸的去做，我们在今天一天上，自然不妨强为欢笑，兴高采烈，从明天起，就应该切切实实，去愁眉苦脸再做上三十五年再说！

刘复先生前后的庄谐成为一个有意味的参照。用油滑的笔法来反对空谈，强调实干，消解复校初期北大存在的过度的"仪式感"；用庄严的笔法直面时代，号召实干，重塑北大矗立在时代风潮前沿的精神坐标。两段声音今日参照阅读，尚有回响。这是演讲会与纪念刊这个空间所留下的别样价值。

◀ 赓续:"学林钦仰,北望燕云" ▶

1948 年年底正是北平行将解放的日子。50 周年校庆规划甚广,其实也早已笼罩在战争的凝重气氛里。

国立重庆大学在给北大的贺电中写道:"在漫天烽火之际弦歌不辍并举行 50 周年纪念,凡在学林无不钦仰,北望燕云,弥殷忭贺。"

1948 年 10 月 26 日,北平《益世报》上刊载了北大 50 周年校庆筹备委员会的征集启事。在这条启事中,北大向全社会征集"建校以来之文献及已故教师之手稿书札、遗著、照片,以便于校庆日展览"。

坚持在校庆中体现学术元素,这是北大校庆的另一个传统。早在 1929 年的卅一周年校庆上,政治学教授鲍明钤、历史系教授罗家伦、著名地质学家葛拉普先生分别做了以《生活之目的》《太平天国》《北大学生在地质学上之科学贡献》为题的学术演讲。

在这场 50 周年校庆的展览征集下,时任校长胡适拿出私家珍藏的《水经注》诸版本进行展览,藏陶名家周进先生赠千余件古陶器展览,校方从浩繁的校史材料中"每

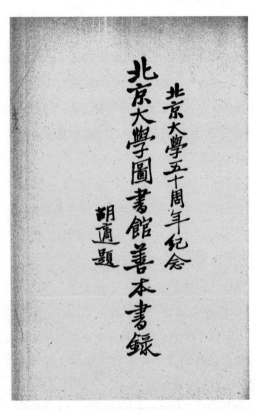

北京大学五十周年纪念

北京大學圖書館善本書錄

胡適題

选自《北京大学五十周年纪念一览》。

卷提出文件二份"的校史展览……题材广泛的展览会从 12 月初启动，一路绵延。

1948 年 12 月 15 日，位于西郊罗道庄的北大农学院被炸。京城教育界人心惶惶，清华大学校长梅贻琦、北京大学校长胡适，在国民政府的催促下，先后离开北平。北京大学秘书长郑天挺选择留下。这是继 1937 年的那次南迁之后，郑天挺第二次担起"护校"的使命。

郑天挺的儿子郑克晟回忆 1937 年北大的南迁时刻："有亲戚来看他，在他的书桌上写了两个字'鸿冥'，意思就是让他赶快走。""最后只剩下我父亲一个人。北大的最后的局面，就由他和其他的教授一起支撑。"不同于上一次"南迁"，1948 年的北大，选择离开者寥寥。

农院罹难当日下午，郑天挺组织召开国立北京大学行政会议第 74 次会议，也在会上布置了之后校庆安排。因"时局不清"，他们选择停止开放"理工学院实验室"，将"原定举行三天之文法学院学术展览，改为一天"，然而最有意味的选择是——"学术讲演，能出席之学者仍予举行"。

◀ 欢庆：游艺会·校庆周·游园会 ▶

从庄严的纪念过渡到节日的欢庆，北大人只需要一秒钟的时间。

回到1929年卅一周年校庆的历史现场，庄严肃穆的纪念大会、严谨求实的学术演讲，"游艺会"成为当时诸多活动形式中最为亮色的一笔。

北大游艺会的传统并不局限于校庆，翻开当时的画报，早在七月、八月，一场以化装摄影为主题的游艺会就吸引了当时媒体的眼球。当时的北大还没有复校成功，尚被叫为"北大学院"。这场由困难重重中坚持留下来、等待复校的少数北大学子举办的游艺会，显然带有"苦中作乐"的意味。不过任何环境，都不能阻挡青年人追求快乐的真诚。

这种创作的"热情"将会在更合适的环境中得到激发。

1946年是西南联大回迁、三所大学正式开学的年份。4月27日是清华大学的校庆，时任校长胡适在参加了清华大学的校庆后回校说："清华校庆正值花开丰满之时，校友返校七八百人，六十桌席聚餐。北大的校庆是12月17日，这时候实在太冷。"因此他决定将"5月4日定为'校

《北洋画报》（1930年
1月7日）：北平北
大卅一周年纪念游艺
会中之女学生跳舞。

《北洋画报》（1929年8月31日）：北大学生游艺会化装摄影其五、其六。

友返校节'"，与校庆并行不悖。胡适的这个选择成为北大校庆与5月4日连接的起点。

各大报纸刊载了这一消息，4月30日的《申报》上登载"北大定五四为返校节"，"今起盛大庆祝一星期"，并详细报道了一周活动计划：4月30日的科学晚会，5月1日的文艺晚会，2日的诗歌晚会，3日的历史学晚会，4日的纪念大会和露天聚餐，5日的音乐晚会，6日的戏剧晚会。活动持续了整整一周，数千人一同参与了5月4日的纪念与露天聚餐。

"校庆周"的想法亦非首创，而是缘起于西南联大。联大以11月1日为校庆日，这是因为1937年11月1日，长沙临时大学正式开始上课。1945年抗战胜利，各地大学筹备北归。西南联大把北归的时间定在校庆结束后，因此1945年的11月1日成为真正意义上的欢庆日。联大师生筹备以"八年之联大"为主题的"校庆周"，在这个意义上，北大1946年的"校友返校日"欢庆，正可看作联大欢庆的某种"余音"。

1951年底，北大决定合并"校友返校节"与"校庆日"。1952年北大迁入燕园，更为宽阔的燕园为诸种活动提供了更为便利的空间。1953年5月4日举办了营火晚会。1956年5月5日，北大学生会举办了文学晚会，著名文学家冯雪峰、曹禺、冰心到校参与了这次晚会。

晚会逐渐成为北大校庆的定例。校园内的教师工会与各学生社团，成为各大晚会的主角。

90周年校庆的被定名为"游园会"的晚会至今让人津津乐道。1988年5月4日，五四体育场上放置了一根矗立的火炬，火炬南北各放置一丛篝火。在火炬点燃后，南北篝火次第点燃。学生围在篝火旁尽情合唱，最受欢迎的曲

"节日的狂欢为我们的华年剪裁出又一个不眠之夜。"选自《北京大学》。

目是《一无所有》。与此同时，北面的未名湖畔已经装饰好的彩灯次第点亮，石舫处提前摆好的烟花随之点燃。纪念、活力与热血，正好像纯真年代的一次集体共情。

此外，从 90 周年校庆发端，校庆纪念品展销、摄影比赛都获得了极好的收效。百周年校庆则在这条路上走得更远。"北京大学建校一百周年"纪念邮票首发、摄影比赛、话剧《蔡元培》的排演……网络时代的到来，则让

新浪网北京大学 110 周年校庆"寻找校友"版面。

110周年的校庆加强了与网络媒体的联系。北大与新浪合作，建设了"校友签名、征集诗词、寻找校友"三个互动产品。今天，我们仍旧能够看到这个网站所留下的欢庆气息。

◀ 存史：总有文字慰后来 ▶

当1918年的北大廿周年筹备委员会编纂《北京大学廿周年纪念册》时，他们应该不会想到其中的"沿革一览"与"中国历代大学学制述"这些概括，奠定了今日论述北大早期历史的基本框架。而纪念册包含的"一览表""比较图"等其他资料也得以保存，成为今日研究早期北大的一手材料。

以校庆为契机，总结历史，明确方向，从廿周年校庆开始，北大校庆的文字编纂就有着存史之功。

1958年的60周年校庆时，学校规划编纂了《北京大学六十年（初稿）》。这份系统运用马克思主义历史唯物史观写作的校史并未出版，但站在时代的潮头，北大率先完成了自己的调整。

讲述北大的故事与存续北大的细节、留待后人讲述北大的故事，同样珍贵。

　　在编纂《北京大学六十年（初稿）》的同时，北大由蔡璐先生主持，编辑了《北京大学六十周年纪念册》。这部纪念册收集了一批自京师大学堂时期以来一直到晚近的珍贵原始史料。包括京师大学堂时期所用封条，严复、蔡元培、朱祖谋等人的名片，孙中山北来时的欢迎标志等在内，这些历史中的吉光片羽被重新打捞，无言地讲述着一

《北京大学六十年（初稿）》封面。　《北京大学六十周年纪念册》目录。

层与官方校史互补的微观史。

写史与存史，评价与存议，北京大学的校史撰写始终在两条线索上维持着稳健的步伐。

90周年校庆在推出萧超然先生等编著的《北京大学校史（1898—1949）》的同时，又推出了《燕大文史资料》。95周年校庆推出《北京大学史料》系列的第一卷，100周年推出《北京大学纪事》。这几套大书在历史中钩沉大量的原始材料，有存史之功，成为今日相关研究领域的必备文献。自1983年开始，北大还几乎每年推出一本《北京大学》画册，画册有效地补充了年鉴的不足，时代的光影之中正闪动着北大的足迹。

曾任北大党委书记、年逾九旬的王学珍目前正在抓紧时间带领北大校史委员会编纂《北京大学志》，这项工程有望成为120周年的献礼。校志主要着眼于新中国成立之后，注重的仍旧是"存史"。

"我们这些人都是新中国成立以来北大校史的亲历者，我们已经老了，有迫切把记忆留下来的愿望和冲动。""我们来不及评价。那评价的事情，交给后来人。"委员会成员、曾任北大党委宣传部部长的古平这样解释编纂《校志》的缘由。

我们活在每一个终将成为历史的时刻里，而百余年的历史长河，北大从不缺少她的史官。

总有文字慰后来。

留念、赓续、欢庆与存史，回顾北大百余年的校庆史，"校庆正是一个过程"，她着眼于"讲出去"，又着眼于"留下来"。百廿年将至，这一段"逢五逢十"的大庆，又会是怎样的佳话？

注：本文撰写获得了北京大学档案馆、图书馆的大力支持。

四代人的北大情结：
一日选择，一生念兹在兹

哲学系宗教学系 2014 级本科生　　　杨泽毅

光华管理学院 2013 级本科生　　　　陈泽阳

中国语言文学系 2014 级本科生　　　肖吉雅

楼宇烈教授。

1955 年的上海浦光中学，二十岁的楼宇烈正在教室中学习。

从前一年开始，全国统一高考进行了文理分科；然而，文史哲和数理化都让楼宇烈感兴趣。

因此，他想在大学阶段，选择一个能够兼顾文理的专业。

吉米先生。

1977 年，菲律宾大学生吉米已经在中国生活了六年。

　　吉米既在湘江农场下过乡，又在烟台渔业公司出过海，还在北京语言学院（现北京语言大学）学习了两年中文。

　　这是"文化大革命"结束后的第一年，国家马上就要恢复高考，吉米也想在中国寻找一所大学，继续深造。

陈鹏教授。

1998 年，兰州的西北师大附中，高三学生陈鹏即将结束自己的高中时光。

从中学接触到化学开始，陈鹏便一头扎进了这门学科，对它的兴趣"一发不可收"。

高三，他拿到了甘肃省高中化学竞赛的第一名，并在随后的全国化学奥赛中，获得了直接保送北大的资格。

邓涵朵。

同年 5 月 4 日，一个叫邓涵朵的女孩在四川出生。

邓涵朵在 2016 年的夏天，参加北京大学自主招生的面试，考官问她："为什么报名这所大学？"

邓涵朵开着玩笑回答道："因为我和她同一天生日。"

以上四个时刻，这四个人的人生尚无交集。

他们分处不同的时代、不同的地方，有着不同的兴趣与经历，但是分散零落的生命线马上就要交汇——再过不久，他们将不约而同地做出一个选择：北京大学。

◀ 选择一方学术的圣地 ▶

报考大学时，楼宇烈看到了哲学学科的介绍："哲学是对自然科学和社会科学的总结。"高中文理兼修的他这样想：这里，大概是可以把他的爱好结合起来的地方。

1952 年，中国拉开轰轰烈烈的院系调整大幕。

其中，除北京大学哲学系得以保留外，其他大学的哲学学科全部取消；清华、燕京、辅仁、南大等学校的哲学师资，全部调整到北大。

一时间，冯友兰、金岳霖、张岱年等哲学界的大师齐聚燕园；他们在中西哲学、逻辑、美学、宗教学等方向均有建树。

可以说，当时全中国最顶尖的研究力量，都汇集在北大哲学系。

三年后，楼宇烈在高考志愿书的第一项里，郑重地写下：北京大学哲学系。

楼宇烈教授在北京大学120周年校庆年启动仪式现场。

在那个年代，高考录取结果首先在报纸上公布。楼宇烈知道自己考上北大，非常开心，但因为家里条件不佳，他在犹豫，要不要辍学工作？

1955年，恰逢全国大学扩大招生，上海教育局来找他谈话，希望他不要放弃这个难得的机会，如果他在经济上有困难，教育局可以为他申请资助——他不仅不用缴纳学费，还能获得每月12元5角的伙食补助。

最后，楼宇烈选择到北大读书；这个选择将影响他的一生。

1955 年秋天，他一个人带着行李，坐了一天一夜的火车从上海到北京，成为冯友兰、汤用彤、任继愈等老师的学生。

60 年一晃而过，楼宇烈从未离开过北大，而他也从一介学子，成长为哲学泰斗。

北大尽管在时代潮流中历经波折，但在各学科研究的学术水平上从未落后于他人；而这一点，也是吸引年轻人选择北大的重要原因之一。

吉米还在北京语言学院学习中文的时候，就曾听北大的留学生朋友讲过这里的生活，还经常骑着自行车到燕园一游。

吉米对理工科不感兴趣，也没有考虑过别的学校，因此，他一心期待着进入北大文科院系学习。

1977 年，他将第一志愿选为北大，最终被北京大学历史学系录取。

吉米最感兴趣的，是中国现代史。

比起语言、文化上存在着巨大差距的古代史部分，他觉得现代史既能帮他更好地了解中国的过去，也能与

吉米先生和楼宇烈教授在北京大学120周年校庆年启动仪式访谈现场。

他亲身感受到的社会环境连接在一起，让他对中国有更完整的了解。

在他身边，1977级、1978级的同学从刚刚恢复的高考中考上北大，学习非常认真也很少逃课，吉米说："（他们）记笔记比我好得多。"

如今，回顾学生生涯，吉米觉得，正是北大教会了他对真理的执着追求。

学生时代的吉米与北大的同学们一起讨论。

这一精神影响了他毕业后的记者生涯，也一路陪伴着他，成为美国《时代》周刊前首席记者和美国有线电视新闻网（CNN）北京分社前社长。

而至于理科生陈鹏，他在中学时狂热地喜欢化学这门学科，因为不能满足于课本的知识，所以参加了化学竞赛。

在这个领域里，北大始终是全国第一，是他心中"中国最顶级的学术殿堂"；能来北大学习化学，就是他高中时代的梦想。

怀揣着北京大学1998级化学与分子工程学院新生录取通知书的他，踏上即将开往北京的火车时，纠结了很久：究竟该把录取通知书放在哪个口袋里，才不会丢。

同行的母亲不断叮嘱他：钱丢了没事，通知书可千万不能丢！

陈鹏入学这一年，北京大学迎来了她的百岁生日。

吉米先生在北京大学120周年校庆年启动仪式现场。

已确定保送北大，早早意识到自己是"北大人"的陈鹏，在电视宣传片里一遍又一遍地观看即将度过多年生活的校园，看到新建成的北大图书馆、看到时任国家主席江泽民视察学五食堂的画面，提前感受到了对母校的自豪感和归属感。

下了火车，陈鹏径直来到化学学院，一下子又被途中经过的理科楼群震住了。此时的理科楼群即将竣工，高大、气派，已然展现出百年建设计划中北大"主楼"的气势。

北大的学术生活没有让陈鹏失望，他从兰州来到北京，感觉自己跃上了全新的平台。

一到北大，陈鹏就感受到同学间上进的气氛："师兄师姐都在学英语，准备 GRE。"

在这种氛围里，陈鹏迅速规划好自己的学习计划，也早已定下了出国深造的志向。

北大对选择她的学生从来慷慨。

陈鹏在这里打开了一扇通向世界的大门，他见到了国际化的教授、国际化的同学，经历了系统的能力训练，顺利地在毕业后前往芝加哥大学攻读化学博士学位。

2009 年，陈鹏选择回国，回到他曾经学习与生活的北大化学院任教。现在的他，是中国化学领域最年轻的

陈鹏教授在北京大学120周年校庆年启动仪式现场。

"杰出青年科学基金"获得者之一，也是北大最年轻的教授之一。

他说："没有北大这个平台，我不可能到国外这么好的学校；没有本科时候这么系统的科研训练，出去之后也无法胜任更加复杂的科学研究。"

◀ 选择自由而炽烈的精神 ▶

2015 年暑假，高中二年级的邓涵朵来北大参加全国中小学生创新作文大赛的总决赛，而这也是她第二次来到北大。

第一次来到这片园子的时候，令她印象深刻的是北大的建筑，但这次，她却注意到了北大的人。

和她一起参加比赛的有来自山南海北的学生，每个人都有自己独特的声音，却又和谐地在此共鸣，邓涵朵在他们身上感受到了不同形式的"优秀"。

新时代和旧时代的北大在这一瞬间有了交集。

邓涵朵想起了百年之前在老校长蔡元培"兼容并包"思想下，那个宽容庇护所有新旧人物的屋檐。

她为这样一个自由的、百家争鸣的环境而着迷。

楼宇烈与他的老师、学生三代执教北大，学术的兼容并包是他们代代相传的坚守。

他说："学术或者文化就在这种交流甚至冲突、相互取长补短的过程间提升发展。"

楼宇烈与他的老师、学生都保持着"忘年交"的平等

邓涵朵。

关系，"就像一个大家庭一样，大家都可以根据自己研究的认识来讲述中国哲学"。

楼宇烈说，老师为人处世的品德也时时成为"身教"，重于"言教"，影响着学生的一点一滴。这种中国传统的师生关系一直让楼宇烈着迷，他希望自己和学生之间既是朋友，又像父子，大家一起在学术上精进，一起欣赏艺术作品。他回忆道："他们在生活中有什么困惑也会来和我交流，比如找对象都会来和我说。"

北京大学120周年校庆年启动仪式现场。

在北大学习期间，身为留学生的吉米和部分中国老师、学生也有过密切的讨论。

对于中国首批恢复高考后考进北大的学生，吉米的印象很好："因为他们高考考得特别好，是精英，有知识；同时又下过乡、进过工厂、当过兵，有着丰富的社会经验。"

为了了解他们，吉米特意不去为留学生专设的食堂，

楼宇烈教授在北京大学 120 周年校庆年启动仪式现场。

而是跑到中国学生的食堂，以吃饭为名去聊天。

那时食堂的椅子不够，吉米他们就围着一张大桌站着吃饭。

一方面，中国学生对国外的事情非常好奇，总是向吉米了解世界的发展情况；另一方面，大家热衷于讨论刚刚改革开放的中国该走向何处。

在自由的环境中，吉米注意到一种集体精神孕育而出。

吉米先生学生时代在 26 号楼前留影。

当时，学生们聊天的话题，往往不是个人私事，而是国家大事。

他们对于政治，有着高度的热情——有些人认为应该保持现状，有些人直接否定现状，观点大胆地进行着交锋，活跃、直率、激情充沛。

当时的学生有着非常明确的目标，一心只在国家建设上，很少思考个人利益。

吉米说："我觉得他们的目标是为人民服务、振兴中华、追求四个现代化，我坚信这些目标他们都会一一践行。他们以这些口号为目标，不怎么想毕业之后能挣多少钱。"

那是吉米在中国最开心的一段时间。

在北大的四年里，吉米感受到，校园的整体气氛越来越开放，连空气都一天天变得更加新鲜。

吉米选择在最合适的时间来到最合适的地方——北大，他和中国最精英的老师、学生成为挚交，无论在学习还是在课外生活上，都很快乐。

吉米先生为北京大学 120 周年校庆年启动仪式献唱 *You Raise Me Up*。

跨越四十年的距离，邓涵朵和吉米有了相似的发现。

她说："我觉得北大就有这样的一群老师、一群同学，让我感觉家国情怀是存在的。"

本来，邓涵朵以为政治课会很无聊，直到她选择了李健老师的思修课。

李健为学生列了一个书单，鼓励他们静下心阅读经典，强调从马克思、恩格斯的原著中理解真实的马克思主义。

在课堂讨论中，邓涵朵与同学们围绕着书本进行争

吉米先生、楼宇烈教授、陈鹏教授在北京大学120周年校庆年启动仪式现场。

辩，也遇到了很多有着家国情怀的志同道合者。

邓涵朵逐渐意识到，家国情怀和她心之所向的城乡规划专业有着紧密的结合。

当初的邓涵朵在仔细调查与考虑后，选择了北京大学城市与环境学院，是因为北大"城规"专业从地理学起家，强调从综合、宏观的角度考虑问题。

她认为："一个没有家国情怀、不能切实考虑区域或国家经济发展和百姓民生的人，如果让他来做总规，很难想象他能做出什么有长远眼光的规划。"

一年后，回首当时，邓涵朵认为，这是北大对她最深刻的影响："我不希望自己在今后的学习和生活中失去这种情怀，所以我还是要感激，在这个园子里我还能保留它，甚至发扬它。"

◆ 一个不断重复的选择 ▶

陈鹏在美国 Scripps 研究所和诺华制药圣迭戈研发中心从事博士后研究时，尽管他的导师劝说道国外的科研条件肯定优于国内，但他还是想要回国任教。

他说："从家的角度、从母校的角度、从在国外感觉更加爱国的角度，我就很自然地做了决定，博士后工作完成后就毅然回来了。"

在选择保送北大十年后，陈鹏再一次选择了北大，他说道："既可以说是我两次选择了北大，其实北大也两次选择了我，我要感谢母校。"

2009 年，陈鹏成为北京大学化学与分子工程学院"百人计划"研究员。

从学生变成老师，陈鹏总是想起自己在化学系"追梦"的日子，但是这一次，他变成了帮助别人"追梦"的"筑梦者"。

北大有一种魔力，让每一个选择了她的学生都忍不住在未来重复自己的决定。

1960 年，楼宇烈本科毕业，留在学校担任任继愈老师的助教。

"文化大革命"之后，楼宇烈正式成为哲学系的一名讲师；从此开始，他教授了一届又一届的学生，甚至在耄耋之年，依旧站在北大课堂上。

他不仅自己这样做，还影响了他的学生们：李四龙、周学农、姚卫群、章启群……这些人都曾是他的博士生，

陈鹏教授在北京大学120周年校庆年启动仪式现场。

楼宇烈教授在北京大学120周年校庆年启动仪式现场。

现在仍留在北大哲学系与宗教学系任教，开启下一个时代。

"我们都希望通过讲台把中国的传统文化传承下来，让我们的学生能够更深入了解中国文化、中国哲学的精神。"

学校本就是文化传承的场所，北大在她的 120 年历史里，始终不敢对自己的文化传承使命有半分松懈。

楼宇烈希望在这个集体的使命中，做出一个北大人应有的贡献。

北大的历史，其实就是由无数人对北大的选择构成的。

他们或许是为了北大璀璨的学术之光而来，或许是为了北大兼容并包、家国情怀的气场而来，北大热烈地拥抱着他们，不曾让人后悔自己的选择。

2017 年，楼宇烈仍在担任博士生导师，每周一固定给学生上课。

60 年来，他认为北大的校风没有丢掉，一直延续着严谨的、勤奋的、求实的、兼容并包的精神，他希望这传统能够继续保持下去。

2017 年，从媒体岗位工作退休的吉米自认为已经到了总结经验、传授后辈的年纪，于是阔别北大 30 余年后，又回到学校，登上新传学院、燕京学堂的讲台，考虑在这里"活到老，教到老"。

北京大学120周年校庆年启动仪式现场。

2017年，陈鹏对自己未来的展望非常简单：在这样一所学校里，跟北大一起进步，留下思想上的创新。

陈鹏还想给大一的学生上课，让他们一入学就能来科研实验室亲眼看一看，希望他们和年少时的自己一样，对化学怀有一腔热爱。

2017年，刚来学校短短一年的邓涵朵已经在考虑，把留在北大做研究作为未来的方向之一。

北京大学 120 周年校庆年启动仪式现场。

北京大学 120 周年校庆年启动仪式现场。

邓涵朵想在毕业后继续从事经济地理的研究与规划，如果自己的研究结果能为国家的决策提供帮助，那最好不过。

邓涵朵刚好在北大百年校庆的那一天出生，北大满120周岁的时候，她就满20周岁了。

这既给邓涵朵带来了冥冥之中的使命感，又给她带来了挥之不去的惶恐。

两个甲子的历史，承载了无数北大人的选择，她虽尚未理解其中所有的意义，但已经体会到这种选择的厚重感。

此时此刻，并不是只有她感受到了压力和动力。

邓涵朵、楼宇烈、吉米、陈鹏，这四段分散的人生——跨越时代，交汇在北京大学120周年校庆年启动仪式的舞台上。

他们交谈着，笑着，回想着自己当初选择北大的原因。

坐在台下、面对直播屏幕的还有无数北大人，他们也在参与这场盛大的集体回忆。

未能到场的1951级北京大学医学院学生、2015年诺贝尔生理学或医学奖获得者屠呦呦为晚会寄来了一封书信："半个多世纪以前，作为一名普通学生，我在这里吸取知识，明晓事理，母校的教育使我受益终生。"

北京大学120周年校庆年启动仪式现场屠呦呦先生寄语。

屠呦呦在最后写道："未来属于青年一代，各位年轻的朋友们任重而道远，你们是有责任和担当的一代。"这是一所大学持续119年的长跑，正在跑向她的第120年。

每一个北大人从不同地点起跑，虽汗如雨下，但从不止步。

在一棒接一棒传下去的历史中，我们选择了北大，又将在下一次选择她时，更加坚定。

注：图片来自李香花、刘月玲、刘雪红、"北京大学"官方微博等，特此感谢。

联大附中：青春飘摇在 40 年代

城市与环境学院 2016 级本科生　　张炜铖

信息管理系 2016 级本科生　　　　马　瑶

外国语学院 2015 级本科生　　　　李毓琦

1956 年 9 月，从苏州开往上海的火车轰鸣着行进，从两侧玻璃窗照进的阳光成为拥挤车厢里唯一的亮色。27 岁的段成鹏正在出差途中，打完水准备回座，艰难地抬脚跨过一截截横在狭窄走道上的腿。

这时，他前方迎来一张莫名熟悉的面孔。一个慈眉善目的中年男人与他擦肩而过，连带着无数回忆朝他涌来。他呆滞了，继而恍然意识到这个男人是谁。他转身就追，飞快穿过好几节摇摇晃晃的车厢——

终于，那个男人的背影就在他眼前了。"钱老师！"他叫出了声，男人将头扭向他，满脸惊愕。"我是您在联大附中教过的，群学社的段成鹏！"他紧紧握住钱老师的手，热烈地注视着他。41 岁的钱闻也反应过来，将手握得更紧。这一对西南联大附中曾经的师生，自 1947 年 11 月后就互断音讯，谁也没想到，在阔别近十年后，他们会于异乡的列车上相见。两人各自唏嘘，约在上海再叙。

他们共同的记忆全部源于联大附中，在这个风雨飘摇的校园中，他们度过了最为动荡的人生阶段：钱闻曾经冒巨大风险担任了段成鹏领导的学生进步团体"群学社"的指导老师，成了段成鹏"人生道路上最初的启蒙者和引路人"。

而对于段成鹏这些学生而言，联大附中岁月意味着无休止的枪声炮火、群情激愤的学生运动和闪闪发光的青春年华。这一群年轻、懵懂甚至还带着稚气的中学生，便在 40 年代一片混沌的世界里，冲向他们各自不可预测的未来。

◀ 满眼是烽烟炮火 ▶

1942 年的夏天，段成鹏焦急地等待着中学录取考试的结果，最终他得知自己的两所志愿校都考上了——昆明的西南联大附中和私立五华中学。最终他选择了联大附中，因为"附中是最有名的学校"。

直到当年 11 月，附中才开学，迎接段成鹏的是一所没有校舍的学校。校方借用了南菁中学的校舍，但之前借用同一片校舍的中法大学还没有完全搬出，于是附中全校 8 个班只得暂时在南菁中学对面的露天空地里上课。

在长达三个星期的时光里，老师们把黑板挂在树上授课，讲课的声音在旷野上飘浮。学生们要么席地而坐，要么坐在辛苦搬来的破旧折叠椅上。等回到租用的校舍，艰苦的情况也只得到了些微改善。"但是学习空气很好，"段成鹏回忆说，"在学校里住的条件也很艰苦，吃饭在学校，伙食也很简单，但是大家集体在一起很快乐，同学们相处得也很好。"

联大附中的前身，是 1940 年 11 月 1 日开学的国立西南联合大学师范学院的附设学校。附校成立之初，有小学6 个年级、初中 3 个年级，学生 79 人，教职员约 20 人，借用昆华工校的校舍进行教学。

1942 年，附校中、小学分离，中学正式得名国立西南联合大学师范学院附属中学，简称"联大附中"，为六年一贯制中学。因昆华工校索回教室，附中迁往北门街南菁学校内上课。直到 1943 年，联大才迁入钱局街岑公祠，拥有了自己的校园。

岑公祠内是几幢古旧的黑瓦白墙建筑，门窗与木柱都斑驳倾斜，在铺满苔藓的院子里投下惨淡的影子，院外则是幽深逼仄的西仓坡与钱局街巷道。校舍空间极其有限，教务、训导、总务挤在一间耳房中办公，校长也只有一张办公桌，没有专门的办公室。教师宿舍在耳房楼上用木板隔成六七平方米的斗室，只要有三人进屋就转不过身来，被称为"蜗牛居"。在局势紧张、物资匮乏的战争中，联

战时的办学条件异常艰苦，图书馆书库的书架是用一角伍分钱一只的装汽油的木箱叠成的。

大附中师生只得自造教学设备，自编教材和课外读物，甚至自己修建三合土操场。

　　日军空袭的阴影像夜里的黑暗一样填满了整个昆明，刺耳尖锐的航空警报常常毫无征兆就响彻天空。轰炸机多半从城市东南方向飞进来，又从东北方向扬长而去。警报一响，附中师生就跑出校舍，跑到旁边街上正对着的一排土基墙下，再从一扇一尺宽的小门钻出，去往墙那边的防空洞。

轰炸在1943年结束，而同一年，作为插班生考入附中五年级的孙亮，恰好碰上了最后一次昆明轰炸。这天附中在进行英语考试，警报响起时，孙亮还没将卷子做完。考生们停下笔，冷静地把卷子交给老师，才跑向土基墙，老师更是以惊人的勇气收齐了所有试卷才走。

"南天一柱"——1941年5月的空袭中遭日本飞机轰炸之后的昆华中学南院西南联大总办公处的屋顶被掀去一半，一房椽落下直插入蒋梦麟常委的办公桌中。

1941年5月，校舍遭日本飞机轰炸，联大总办公处的屋顶被掀去一半，一房椽落下，直插入蒋梦麟常委的办公桌中。

孙亮还没出那扇小门，更尖厉的紧急警报响了，他夺门而出，日军飞机的轰鸣已像是耳畔野兽的低吼。墙外是大片原野，衰草连天，到处散布着高耸的坟堆，有些立着墓碑，有些无人认领。他在坟地间奔跑，穿梭于逝去的同胞之间，风挟着死亡的气息拍在他身上。

他看见天空的一端三架排成品字形的轰炸机赫然出现，和许多架小飞机一起，灰黑色的机身遮住了蔚蓝的天，它们从他头顶呼啸着掠过，他继续跑。

轰炸机没有扔下炸弹，他活下来了。

◀ **幸得一堂理弦歌** ▶

联大附中的校长黄钰生出生于 1898 年，自 1938 年秋天起便担任西南联大师范学院院长暨附设学校主任。因战前是南开大学哲教系教授、南开学校大学部主任，他提出要将天津南开中学的经验运用于联大附校的建设中，使其"成为师范学生实习教育行政和教学方法的场所；成为师范学生实验现代教育原理与技术的实验室；为一般中小学树立榜样"。

他要求附中教学要"娴熟、正确、迅速"，设置了大大小小的考试来检验学生，每年期末考试不及格的学生要留级。段成鹏二年级期末考试英语得了58分，他觉得判分不对便去找老师理论，但是老师拒绝重判，因这2分之差，他只得留级一年，"留级也不是个别的，相当多，每学年都有"。有些学生为了学业，不得不把周末和假日全赔进去，就连学校停电的夜晚，也要就着昏暗的烛光在西仓坡下的小茶馆把功课做完。

但学生并没有完全被紧张的课业限制，段成鹏体验到的更多是快乐："黄主任教育学生要全面发展，不是光读书，所以附中有很多课外活动，我们觉得在学校里很快乐。"

附中仿照清华的传统，每天下午4点，教室里不再有人，学生全都到户外活动。操场小踢不了足球，学生们就打篮球、排球，给自己的球队起"老奶队""捧泡队""鳄鱼队"等名字，球场上就以队名相称。学生们也喜欢合唱，一个班就可以进行六部合唱，所有声部都齐全。成立社团也非常容易，不用官方批准，凑满15名社员就行。学校还组织"童子军"活动，定期出去露营，锻炼野外生存技能。

在黄钰生的领导下，联大附中成立不久即取得了良好的成绩，据他忆述："那几年，附中声誉渐好，省政府主席想送他的女儿来上学，我们坚持先考试后入学原则，表示考及格才收。后来这孩子到别的中学去读书了。"

在学生万哲先看来，这所学校和他之前待过的名校截然不同。出生于1927年的他，因父亲的工作调动从设立在贵州的中央大学实验学校中学部转来联大附中："在附中课业压力很普通，不像中大实中那样压得太厉害了。这个学校很讲究教育学生的，一般学校都有出布告开除学生，这个学校不开除学生的。"

附中周末常常办一些学术活动，其中就有西南联大教授的数学物理讲座，万哲先一次不落地参加了，还总因做出教授出的题得到奖品。他父亲是工程师，家里也希望他子承父业，功课很好的他最初欣然接受了这一安排。

1940年进入联大附中的张文朴也想成为一名工程师："在我们那个时候，'好男必学工'，就认为你这个男儿，高中毕业了不念理工，那你就是废物点心，就是窝囊没出息。所以我受这种观念的驱使（想学工学）。"

但他其实更为擅长的是英语，他父亲张奚若是从哥伦比亚大学硕士毕业的著名学者，从他小时起就亲自"掰着手教英语"，用的教材也是父亲精心挑选的 *Nessler's grammar*。在联大附中，他的英语老师是联大外语系教员颜锡瑕，这位老师"第一教得很清楚，第二这个人很厉害"，若是学生作业做得不好，他就会严厉地训斥。张文朴不敢在课上调皮捣蛋，没有教案他就将老师口述的内容老实记下来，将几百个不规则动词全数背下，"客观地讲，他（颜锡瑕）给我这个英语的语法打下了一个很好的基础"。

高中毕业时，他整体成绩处于中上水平，英语一科非常拔尖，黄钰生专门找他谈话，问他高中毕业以后想考什么。

"我想考工学院。"他回答。

"你不如学外语，学好外语以后，你去做一个新闻记者，可以做驻外记者。"黄钰生说。

"他给我规划了这么一个人生的轨迹。他认为我这个人的性格，我的学业基础，如果干这一行，能干得比较出色。"但张文朴并没有听取黄主任的建议，坚持报考并考取了西南联大机械系。念了一年后，抗战胜利、联大结束，他也意识到自己不适合工学的学习，于1947年重新考入清华大学历史系，最后他进入了外交部工作，于1986年出任驻加拿大大使。

而万哲先在高三渐渐地喜欢上数学，当时担任他数学老师的是联大数学系主任杨武之。杨武之是替他儿子杨振宁来联大附中教课的——黄钰生非常欣赏杨振宁的才能，便托他说服杨振宁来附中教一年书，他认为完全没问题便答应了；没想到杨振宁正跟着王竹溪先生写论文，不愿意来，他没办法，只得自己来了。

黄钰生知晓了万哲先的志向，便"给学生创造一些条件"，介绍他去见著名数学家、联大教授姜立夫，"培养数学的兴趣"。随后，万哲先于 1944 年顺利考取联大数学系，毕业后与华罗庚一起在科学院数学研究所做研究，并在 1991 年当选为中国科学院院士。

◀ 前进呀姊姊妹妹，前进呀弟弟哥哥 ▶

1945 年 11 月 26 日，昆明三万名学生举行罢课，抗议军警于 25 日破坏反内战晚会的暴行，要求取消禁止自由集会的禁令，反对内战，呼吁美军撤离中国。

同年 12 月 1 日，"一二·一"惨案发生，国民党军政部所属第二军官总队和特务暴徒数百人，围攻西南联大、云南大学等校，毒打学生，并投掷手榴弹，炸死联大学生李鲁连、潘琰，昆华工校学生苟继中，南菁中学教师于再等4人，60余名学生被打伤。联大附中的校舍也被破坏，并有学生遭到殴打。

牺牲的师生遗体摆放在西南联大图书馆，市民和各校学生纷纷前去吊唁。段成鹏也去了，他看见昏暗的室内挂满了挽联与抗议书，四具尸体陈列在中央，还有一个大玻璃瓶里装着一截人的大腿——一个学生被打断了腿，腿不能保留了。

之前他"很单纯很幼稚，除了上学什么都不知道，对外面的世界，对政治没有什么概念"，但此时他"震动很大，非常气愤"，"这个运动就是活生生的教育"。

联大附中的同学们也和他一样，开始关心起时事，他们在"一二·一"惨案后开始罢课，学校里成立了罢课委员会，发行《罢委会通讯》，还办了铅印的学生报纸。高年级的学生们顾不上课业，整日在冬日的昆明街头奔走，卖报、游行、发表演说。

学生们经常能在附中的校园里看见闻一多，他常穿一件破长衫，留着胡须，胳臂上挂一把雨伞，来看他在附中就读的孩子。段成鹏二年级时，全年级三个班联合起来

1945年12月西南联大为抗议"一二·一"惨案，在西南联大广场上举行大会

西南联大师生为抗议"一二·一"惨案，在学校广场上举行大会。

举行朗诵大会，就请了闻一多。当时全校师生差不多都来了，闻一多给他们念《大堰河——我的保姆》，神情肃穆，声音沉到在场人的心底。

1946年7月15日，闻一多在联大附中门口被暗杀，18日，他的遗体在云南大学医院前面的操场火化。那天昆明潮湿闷热，操场中央有一架梯子搭着一个铁做的神龛，衬得周遭空旷而寂寥，遗体放在上面，下面就是炭火在烧，烧了整整一个下午。联大附中的学生们全都来了，他们混在人群里，站到炭火燃尽为止。

"看到了被打死的学生、被暗杀的教授。这些事情都是我亲身经历，对我教育很大，所以从那以后我就开始关心政治。"段成鹏随后和几个好友一起创办了"群学社"，组织同学们一起阅读革命书刊，出壁报"群学"，抄录一些新诗、杂文和进步作家的文章，常常提出对当局和学校的尖锐批评。按规定，社团必须有指导老师，于是段成鹏向自1946年初起任他国文老师的钱闻提出了邀请。

钱闻是共产党地下党员，30岁出头，身材单薄而目光深邃，常穿一套旧西服，说起话来慢条斯理。他给同学们编写教材《高中进修国文选》，其中除了古典名篇，还收录了鲁迅杂文、雪峰寓言、张天翼的《华威先生》和一首天蓝的长诗《队长骑马去了》。

这是一首根据抗战时期八路军某部一位优秀指挥员的英雄事迹写的朗诵诗，充满悼念、赞美和悲壮的情感。钱闻在课堂讲解时朗诵它，声音格外高亢："队长骑马去了／骑马过黄河去了／一个月还不见回来／队长！／呵！回来！"

他慨然应允了段成鹏的邀请，为他们的壁报题写了刊头"群学"二字。

此时，名义上的"西南联大附中"已经结束了。1946年5月4日，国立西南联合大学结束，三校北返。作为答谢云南人民的礼物，联大师范学院留在昆明，更名国立昆明师范学院，附中随之易名国立昆明师范学院附属中学。

但师生们并没有离开，他们迎来了新校长查良钊，这位校长"在学生运动里面表现不好，学生们对他不满意"。钱闻也对他"对学生没有同情心"一点颇为不满，用"炭儿"的笔名写了《查良钊变了》这篇杂文，连续两天登载于1947年2月6日至7日的上海《文汇报》上。"群学社"随即把这篇文章剪贴在壁报上，引起师生强烈反响。随后，"群学社"的几位骨干社员又当选为学生自治委员会的干事，积极地带领同学们参加当时声势浩大的以"反饥饿、反内战、反迫害"为口号的学生运动。

1947 年 10 月底，昆明警备司令部开出一批"共党分子"黑名单，限令他们去警备司令部登记，其中就有钱闻和段成鹏。11 月初，段成鹏被捕，从此与钱闻失去联系。

学生被捕之后，全市学生再一次举行总罢课，"反迫害、争人权"。为了斗争需要，师院附中和其他很多学校的学生集中住在云南大学，他们热血沸腾，连觉也很少睡。钱闻的妻子吴大年那时正患病卧床，住在附近，"深夜里，常传来一阵阵年轻、激越、高亢的歌声，使我激动感奋得彻夜难眠"。

他们唱得最多的是联大附中的校歌，这六年多来他们集会时唱感怀时也唱；有时运用精湛的分声部合唱技巧，有时纯粹投以丰沛的感情，歌声穿过昆明终年的湿气，飘过黑夜白昼，连西南联大的校园里也清晰可闻，听到的人无不感到慷慨激昂。他们都是十几岁的少年少女，却唱着沉重而悲壮的歌词：

"满眼是烽烟炮火，满眼是流离颠簸。我们的国家正在风雨中奋斗，我们却幸得一堂理弦歌。前进呀，姊姊妹妹；前进呀，弟弟哥哥！要知道身只此身，怎能不学须便学？好时光，莫放过；正年少，莫蹉跎。努力报答我们的家国！"

百廿之歌

往西南去！ 到联大去！

中国语言文学系 2016 级本科生 　蔡翔宇
中国语言文学系 2016 级本科生 　刘立恒
中国语言文学系 2015 级本科生 　田　淼

◀ 无法忍受的离开 ▶

1922 年，卢少忱出生在天津，但十一年后，当他上到小学五年级的时候，却不得不离开。这是因为，即便他那当列车长的父亲已经有了在当时不错的收入，一个月的七八十块大洋依然难以满足一大家人——他的老母亲，几个兄弟，七个孩子还有他自己的生活开支。万不得已之下，他们只得举家搬迁到北平，因为当时已经不是首都的北平比起天津的法租界来，生活开销少了不少。

卢少忱的父亲是吃过学好英语的甜头的。十七八岁从广东农村来到北方，自学英语后，他的工作从书记官，到一个小站的站长，再到接待外宾最多的京津铁路的列车长，工资自然也水涨船高。"他就想让我好好学英文"，于是，卢少忱进入了私立崇德中学附属小学，在这所英国教会开办的男校里，所有科目都由英国教师用英文讲授，他也打下了良好的英语基础。

但初中毕业那一年，"七七事变"发生了。当时只有十五岁的卢少忱，无法像那些高年级的学长一样，离开北平避往后方。父亲无法拖家带口远避，他自己也没有独立生活的能力。这一年，卢少忱虽然直升了本校的高中部，但他却遭遇了学习生活的巨大变故——日本人占领北平，开始了"反英运动"，同时推广日语，甚至"日语不及格，还不让你升级，不让你上班"。卢少忱读完高二后，由于日英冲突的加剧，私立崇德中学就被日本人强制停办了。

无奈之下，卢少忱转到了美国教会在北平开办的崇实中学。但读了半年，实在无法再忍受日本人压迫的他，在寒假就决意离开。这一次，他觉得自己已经长大了，没有什么再能拦下他。

距天津一百多公里的唐山乐亭县是孙荫柏的家乡。三岁时，孙荫柏就失去了他的父亲，他的母亲不得不将他带回娘家。令他颇感幸运的是，在东北经商攒下不少资产的舅舅供他在县里顺利读完了小学和初中。

1938年，即将初中毕业的孙荫柏面临着县里无高中可上的窘境。祸不单行的是，他也失去了自己的母亲。时年二十岁的他，与舅舅一起奔赴北平。"来到北京（北平）考中学，那最难，中学没有统一招生，各学校招各学校的。"在当时，北平四中、北师大男附中和河北高中"这三个学校是最著名的高中"，孙荫柏都考上了，但出于对马元初等名师的向往，他选择了北平四中。同卢少忱的遭遇一样，由于这一年日本已经占领了北平，日军强制推广日语，甚至到了每个学校都有一个日语教官的程度，他被强迫学习日语作为第一外语。而想学的英语，则只能课后自己去校外天主教开办的青年会学习。

"那很惨。""真是一点自由都没有。"孙荫柏决定离开。在舅舅的资助下，已经打算好走水路周转至昆明考取西南联大的他，高二就离开了学校踏上旅程。

◀ 被驱赶的求学年代 ▶

1930 年，生于湖南安化的龙驭球迈入了小学校园，但是他当时只有四岁。小学毕业后，他本计划离开那个没有初中的小县城，前往外地求学。但原本在外谋生的罗校长，"日本打来了，他就从外面回家了"，"自己拿个土砖来盖房子"，垒起了英武中学，就这样，龙驭球在安化完成了自己的初中学业。待到他该读高中的时候，日本人已经占领了省会长沙，长沙最著名的几所中学也几乎都因此搬迁到了安化附近的蓝田镇。在当时已经是湖南新教育中心的蓝田镇，一所新的大学——蓝田师范学院成立了，龙驭球也凭借这个机会，考入了刚成立不久的蓝田师范学院附属中学。

但是，蓝田也没能因为远离城市而脱离日军的视线。龙驭球至今还记得他们在日军空袭下上课的情景，上着课的时候，刺耳的防空警报就割裂了晴朗的天空，师生们不得不奔向防空洞避难。在那偏僻山沟的防空洞中，龙驭球感到深深的压抑："为什么日本人有飞机来炸我们，咱们为什么没有飞机？我们自己要有飞机就好了，我们就跟他打！"求学之路上同样摆脱不了日军侵略阴影的，还有万哲先。

在万哲先念完五年级那年，抗日战争就全面爆发了。为了躲避战争，全家奔向了湖北武汉。在武汉市立第六小学读完一个学期，家人就又被不断迫近的威胁驱赶着继续向南。

1938 年，还没拿到小学毕业证书的万哲先，凭同等学力参与了中央大学实验学校中学部和湖南省明德中学的入学考试。虽然两所学校都录取了他，但由于家中决定向更西南的方向搬迁，他选择了位于贵州的中大实中。在这所课业压力极大的重点中学读了一年后，万哲先就又随家人

湘黔滇旅行团在行军途中一律穿土黄色军服,裹绑腿,背干粮带、水壶,黑棉大衣,还有一柄雨伞,这些都是由湖南省政府赠送的。

300余名师生组成的湘黔滇旅行团。

前往云南。

在楚雄的中学读了不久，他父母就发现学校教育质量有问题——万哲先"哪怕是玩着也能取得很好的成绩"，也因此，万哲先又转学去了邻近的镇南县，就读于从武汉迁来的联中。但安稳的日子没过多久，刚上高一的时候，日军就已经从缅甸攻进滇西，联中考虑到师生的安全再次搬迁，万哲先一家没有随着学校前往贵州，而是留在了云南。为了完成学业，万哲先前往昆明，考取了西南联大附中。

在那个许多人读了两所学校就高中毕业的年代，七所学校，是万哲先在迈入西南联大前的就读记录。

◀ 无奈的扬帆与窄轨 ▶

两千公里，这是天津与昆明的直线距离。但在卢少忱想从天津前往西南联大求学的时候，要走的路程却远远不止这么长。

1940 年初，卢少忱在崇实中学上完半年学，已经决定离开。"后来我父亲没办法，就借了一笔钱。"卢少忱拿着路费，来到了天津塘沽大沽口。原本日军就对学生动向有所顾忌，之前大批学生的南逃更是让盘查变得越发严格，只有前往沦陷区才不会让他们怀疑。于是卢少忱决定先前往上海投奔堂兄作为中转，就这样，他通过了日本人的检查，登上了前往上海的航船。从上海转道香港，又投奔亲戚办手续过了海防借道越南，几度曲折之后，他终于拎着行李到了昆明。

张定华也是从天津离开前往西南联大的。

家住南京的她，"七七事变"当天刚好坐上前往天津到舅舅家度假的火车。很快，战火烧到了天津，为了保护家中的妇孺，她的舅舅将家搬到了英租界，在日军进攻的威胁下无法独自离开的张定华也随之住进了舅舅在英租界的三层小楼。家国沦亡的惨象让张定华感到十分悲愤，"反正就觉得气愤、着急"，"当时我一下就觉得要做亡国奴了，所以就非常痛苦"。但作为一个年轻的学生，她又感到无能为力，"可是我干什么，我什么也干不了！"

张定华终于等来了转机。借住在小楼一层的，一位舅舅家的世交"温大哥"，因为参与爱国运动被学校开除，被亲戚们称为"爱国志士"，甚至因为当时对学生抗日运动的不同看法，还被起了个外号叫"抗日"。张定华的表现全被他看在眼里。

在张定华的回忆中，那是特殊的一天："有一天他说：'你为什么好像那么郁闷？'我说：'当亡国奴还不郁闷？'他说：'你光怕当亡国奴、光哭、光生气、光发愁也没有用。'我说是，要是让我做点事，打日本，我愿意，可是我干什么，我什么也干不了！他说你要有这个想法，就可以找到事做。我说我不知道自己找什么事，他说那我给你介绍一个人，她会帮助你，告诉你做点什么。"这个人，就是中华民族解放先锋队队员郝诒纯。

两三天后，在一个小花园里，张定华与郝诒纯见面了。从此，组织捐款、做读书小组工作、帮忙张贴传单……一件件事情让她们两人越发熟悉，也让张定华对民先队产生了归属感，决定跟他们一起偷偷回内陆参加革命。但令她没想到的是，一个意外又让她的计划接近流产——手头拮据的张定华拿不出路费，只得秘密地找妹妹借钱，然而不舍得姐姐离开的妹妹不由得哭出了声，"那时我姨母什么的都在，就审她，最后她就说了，说大姐要去打日本，她要走了，我舍不得。我一个姨母一听这还了得，就报告我的舅舅"。得知此事的舅舅坚持不肯放行："固然其志可嘉，可是你们这样不行。"为了防止张定华私

历时68天，1938年4月28日湘黔滇旅行团到达昆明

历时 68 天，1938 年 4 月 28 日，湘黔滇旅行团到达昆明。

自离家，舅舅关了她禁闭。

过了不久，舅舅决定将她送去上海，与她的祖母、母亲会合。正当她急于联系不到郝诒纯时，却意外得知了郝诒纯他们也将登上同一条船前往上海的消息。在船上，家人全程看护，她和郝诒纯没有一点见面的机会。到上海后，她刚刚设法拿到路费，却突然病了。此时，郝诒纯前来她家中看望，希望她能一同前往西南联大，张定华决定"我也跟她们一起走，我要去念书"，却难以说服自己的母亲和祖母。

转机是一位父母的故交带来的。听到张定华母亲对女儿想要孤身赴滇想法的抱怨，他却觉得这是一件好事，并带着张定华拜访了受人崇敬的吴太爷："你们张家的男孩子都没这个志气，女孩有这个志气，当然送她去！"就这样，家里人同意了。到了香港，张定华在宾馆偶遇了也将要前往西南联大的南开一行人，冯柳漪、邱宗岳教授等先生看到一个女孩敢于孤身前往西南联大求学也十分高兴，便决定与她同路而行。

张定华与这群同行人一起，办理了经越南所需的护照，踏上了开往昆明的窄轨火车。当呜呜的轰鸣即将消歇，熟悉的身影映入了她的眼帘——郝诒纯正在站台上等她。她这才知道，一个月前就抵达昆明的郝诒纯，每次这列隔天一到的火车到来时，都要来等待杳无音讯的她。

◀ 黎明前的艰难 ▶

卢少忱到了昆明后举目无亲，只得依靠沦陷区各地汇来昆明就学指导处的补助为生。一个月十几块大洋，就算是去西南联大的食堂，也只能堪堪饱腹，而住宿问题却完全无法解决。这时，来自崇德中学的师兄，马约翰之子马启伟，介绍他去一家叫作林文堂的青年组织工作，说是工作，也不过是招待一下学生，"有些人来看书看报啊，你提供给他，然后星期天给放音乐会，放个留声机"，完全没有工资，"就是管住"。

就这样，尚未完成高中学业的卢少忱，一边在林文堂做些杂活，一边自行准备着西南联大的入学考试——最终，他凭着 280 分的成绩被录取。但是，校方考虑到滇西日军的进攻，并没有让他们在昆明入学，而是要求他们前往四川叙永。一年以后，局势稳定下来，卢少忱终于得以进入西南联大学习。

龙驭球高中结业后，一开始并没有考取西南联大。1944年，同时被湖南大学和唐山交大录取的龙驭球，几经斟酌，最终选择了唐山交大。当时的唐山交大，已经从河北唐山搬到了贵州平乐，可仅仅入学一个月，日军就将要攻到滇黔边界，离平乐近在咫尺。校方决定就地解散，"后来学校就是说，现在放假，你们自己啊想办法到重庆集合，在四川找到一个复课的地方以后呢，我们再上课"。

　　龙驭球并没有充足的钱财乘车前往，只得与两个同学徒步前往。他们卖了不必要的东西，一人背了一件行李，就徒步上路。他们保持着一天六十里的速度，以便晚上可以找到小村庄借宿，路上唯一的调剂就是买点猪肝吃，"他们那个地方呢，猪肝没有人吃的，比猪肉要便宜得多"。走了四十多天，他们走到了遵义，借宿在当时已迁至此的浙大宿舍休息了几天，一行三人又走了二十多天，才终于抵达重庆。而这时，龙驭球身上已经长了疮。待到学校终于在四川璧山找到教室复课的时候，他的病情越发严重，"在上课的时候，身上那个疮就越来越厉害，痒得不得了。后来也没有地方烧热水，就在厨房，那个蒸锅底下有点蒸锅水，把那个蒸锅水拿个盆接了，在菜园子里面洗。就慢慢把这个疮（洗）好了"。

因为战乱而频繁迁转，龙驭球大一的书一共只读了几个月。在暑假，龙驭球去重庆游玩，刚好赶上南开大学招收插班生的考试并被成功录取，可如何从重庆赶往昆明又是一个难题。一个在昆明未上大学的高中同学听说了这件事，托关系给了他一张没有登机日期的机票——这意味着他要自己去机场等候有空的航班，能否登机全看机场工作人员的通知。白天拿着机票在机场默默等候，看着一架架无法带走自己的飞机渐行渐远；晚上到附近工作的同学那里借宿，在坚硬的地上打地铺。就这样等了十几天，他终于等来一句"你可以走了"，登上了飞往昆明的飞机。

西南联大伫立在昆明，迎接着这些远道而来的奔波者。

嘹亮卅六载：北大口号之"团结起来，振兴中华"重记

艺术学院 2013 级本科生　　　　　　李梦涵

中国语言文学系 2014 级本科生　　　吉　淳

中国语言文学系 2016 级本科生　　　李泓霖

中国语言文学系 2016 级本科生　　　邓泽岚

法学院 2016 级硕士生　　　　　　　唐　诗

"团结起来，振兴中华"大标题，载于1981年3月31日北大校刊。

1981年3月20日深夜，北大校园。

几百名北大学子正在游行狂欢，他们举着红旗，敲着锣鼓，唱着国歌，喊着"团结就是力量""中国万岁""男排万岁"等口号，长长的队伍似乎在为什么事情而欢呼雀跃着。

游行队伍从宿舍区出发，在偌大的校园中穿行，一路上大家高喊着各种各样的口号，其中有八个字特别响亮热烈：

团结起来！

振兴中华！

这几百名学子当时也没有想到，在这个狂欢的深夜，他们的自发游行和八个字的口号，后来传遍海内外，成为80年代北大校史上最为人称道的事件之一。

◀ 一场"听"来的胜利 ▶

1981 年 3 月 20 日，在香港举行的世界杯排球赛亚洲区预选赛要进行中国男排与韩国男排的决赛，胜者将代表亚洲参加在日本东京举办的世界杯排球赛。现在看来，这并不是一场世界顶级赛事，但在当时意味着中国队能否"冲出亚洲"，与世界强队竞赛，因而在北大得到了师生们的广泛关注。

在历史学系 1978 级学生牛大勇的回忆中，1981 年那个春天的夜晚，成为他"在北京大学的学生生活中永难忘怀的一夜"。

38 楼是当时的文史哲本科男生宿舍，历史学系 1978 级的男生们就住在一层和二层。当时校园内的电视机很少，每层楼的活动室不一定都有，同学们就聚集在各自楼层内有电视机的活动室，观看这场比赛。个别宿舍的同学有自己的电视机，观众也能挤满一屋子。

比赛扣人心弦，中国男排在先输两局的情况下，又顽强扳回了两局，到了决胜的第五局，双方比分咬得很紧，交替领先。同学们的心情也跟随战况起起伏伏，赞叹声、惋惜声等各种声浪一阵阵飘荡在学生宿舍区。即使没看电视转播的同学，也能根据这阵阵声浪来判断战况。

一个细节频现于牛大勇和其他亲历者的回忆中：由于事先没预料到会激战这么久，中央电视台租用卫星现场转播的时间在比赛还未结束时就到了，就在对阵厮杀到最后紧张的时刻，播放信号突然中断，屏幕转为其他画面。时任北大团委书记的王丽梅当时住在教师宿舍，转播中

1981 年 3 月 20 日世界杯男排预选赛电视画面。

断后，她便听到各个宿舍楼传来一片学生们不依不饶的吵嚷声。

同学们吵吵嚷嚷，但无济于事。就在大家满怀沮丧、焦虑和期待的复杂心情收拾洗漱，准备回屋休息的时候，收音机里传来中国男排苦战险胜，赢得决赛的捷报。

首先听到广播的同学立即高声欢呼：

"我们赢啦！我们赢啦！"

◀ 属于北大的"三二〇"之夜 ▶

最先沸腾的是 38 楼。

男生们奔走相告，顺手敲响了脸盆、搪瓷碗和牙缸。历史学系的几位同学带头奔出楼门，在楼前开阔的简易排球场上敲盆打碗，高喊"男排万岁""中国万岁"等口号，四周几个宿舍楼中的同学听到声音，也纷纷打开窗户相呼应，还有同学点燃了报纸和旧衣服，从窗户中扔出来，在夜空中划出一道道火光。紧接着便有越来越多的同学从各个楼里跑出来，齐聚在 38 楼前的空场上，欢呼雀跃。有人点燃了手中的笤帚当作火把，有人找出了锣鼓镲敲打起来，还有人在楼上用小号吹起了国歌的旋律。旋律响起，一些男生将前些时候在海淀区人大代表选举中十分活跃的一位中文系女同学架了起来，指挥同学们高唱国歌。

国歌唱完，大家激动的心情似乎还没完全释放出来。有人喊了一声"走，游行去"，欢庆的人群立刻高声呼应，于是各楼奔出的同学汇成人流，自发地开始游行了。欢庆的队伍举着红旗，唱着国歌，敲着锣鼓，喊着"中国万岁""男排万岁"等各式各样的口号，穿行在偌大的校园中。一部分队伍从当时的东南门往中关村方向进发，但很快又回到学校，往北向未名湖前进。一路上大家兴奋的欢呼声、叫喊声此起彼伏，有人唱着《团结就是力量》，有人喊出了"团结起来"，有人喊着"振兴中华"，还有人举着当时还算奢侈品的"砖块式"录音机边走边录音。

牛大勇清楚地记得，游行结束后，队伍陆陆续续回到宿舍区，仍有大批兴奋不已的同学不愿散去，一位男同学被人群举了起来，向大家展示用毛笔写在一条长方形白布上的"振兴中华"四个大字。同学们又颠又喊，形成又一次狂欢的小高潮。

"团结起来，振兴中华"！

当晚，欢庆的同学闹腾到深夜一两点钟。

学生们在 38 楼前的空地上欢庆，王永强供图。

1977 级中文系新闻专业的王永强当时在北大广播台，第二天一早就拿到了同学们转交的游行录音。在时任北大团委宣传部长黑良杰的布置下，他从这些录音素材中选取了一些有代表性的口号，写成新闻稿，以激情洪亮的嗓音配合着录音剪辑，并加上了慷慨激昂的背景音乐。

"昨天深夜，中国男排健儿获胜的消息一传来，北大学生们的爱国激情就爆发出来了。""同学们一边行进，一边高喊着'祖国万岁''团结起来，振兴中华'的口号。"3月21日中午，这篇热情洋溢的新闻稿以团委宣传部的名义播放出去，报道随着广播传遍了北大校园，参加当晚游行的同学们听到后都振奋不已。

其时新华社、《光明日报》《人民日报》等国家媒体的记者经常来到北大了解学生的思想动态，各家媒体很快就得到了当晚欢庆游行的消息。3月22日，《人民日报》以"团结起来，振兴中华"为大标题，刊登了北大学生游行庆祝中国男排获胜的通讯。文中极富激情地写道：

"中华正在振兴，祖国正在崛起！"

"我们中华民族'有自立于世界民族之林的能力'！"

"这是富有光荣革命传统的北大学生的喊声！"

◀ **"燕园又一次沸腾了"** ▶

媒体的宣传报道让"团结起来，振兴中华"的口号迅速传遍了全国。参与了欢庆游行的北大同学备受鼓舞，同学们还希望与这些赛场英雄有一次近距离的互动。

几天后，黑良杰带着录音报道，代表北大团委找到了国家体委主任王猛，想邀请男排回国后前来北大与师生见面。曾在北大求学的王猛为学生们的热情所感动，立即答应，并表示可以让同期获胜的女排队员一起参加见面会。

3月29日，刚刚凯旋归国的中国男女排球队来到北大。

当天西校门人山人海，男排队伍一下车，就被久候的同学们包围了。男生们把自己崇拜的英雄们一个个高举起来，让这些球场上的"空中飞人"脚不沾地飞了几百米，

经济系1977级李少民所作漫画"北大师生欢迎男女排球队"，载于1981年3月31日北大校刊。

还不小心把男排队员汪嘉伟的脚扭伤了，把曹平的一只球鞋飞没了。同学们的热情让当时负责安排见面会工作的王丽梅始料未及，原定场地办公楼完全无法容纳人流，大会便临时改到五四运动场举行。

在欢庆会上，时任北大党委书记韩天石代表师生向男女排球队赠送了纪念品，地球物理系 1980 级的同学则向他们赠送了连夜赶制的绣有"所向披靡"字样的锦旗，排球队回赠了签有队员名字的排球和队旗，国家体委副主任徐寅生做了热情的讲话。当时，牛大勇担任校团委和学生会体育部负责人，在场维持秩序。

据他回忆，会上许多同学把自己的学生证扔上主席台，请台上的男女排队员们签名。

散会时，一大批学生证堆在台上还没来得及签名，女排队员曹慧英便不肯走，一个证一个证地捡起来签名。牛大勇看到后觉得很感动，但又怕她掉队，于是和同学们连劝带推地把她"赶"走了。后来这批学生证都集中放在校学生会，通知同学们去认领。

两天后，在 3 月 31 日的北京大学校刊上，刊登了《燕园又一次沸腾了——国家男女排球队和我校师生联欢》的通讯，以及师生们的各类主题创作作品：中文系的沈群国政系白谦慎、黄南平所刻"团结起来""振兴中华"字样印章，载于1981年3月31日北大校刊。

丁小琦、郭成志所作《团结起来，振兴中华》歌词及曲谱，载于1981年3月31日北大校刊及1981年6月22日校刊增刊。

发表了一首题为《前进，中华》的诗；国政系笔名为"涌泉"的同学发表了《"三二〇"之夜感怀》，满怀热情地写道"'冲出亚洲，腾飞世界'，这就是我们这一代的气魄"；经济系1977级的李少民创作了一幅表现欢庆会人山人海场面的漫画；国政系的白谦慎、黄南平刻了两枚"团结起来""振兴中华"字样的印章；丁小琦和郭成志还作词作曲，创作了一首题为《团结起来，振兴中华》的歌曲……

1981年，王学珍是时任北大副校长。他认为，喊响"团结起来，振兴中华"这个口号与1977级、1978级那一批青年学生的精神面貌有很大的关系。他们经历过"文化大革命"、插队，当过工人、农民，社会经验丰富，学习勤奋，又关心国家大事，极具高涨的热情，在北大相对宽松自由的环境下，在很多方面都富有创造性。

"团结起来，振兴中华"喊出了一代学子和全国人民的心声，成为时代的最强音。

1984年，北大毕业生发起捐建了"振兴中华碑"，立在第一教学楼东侧、图书馆东北角的草坪上。碑呈不规则的三角形，正面书有"振兴中华"四个大字，纪念那个令所有北大学子热情澎湃的夜晚。

三十余年过去了，"团结起来，振兴中华"的口号嘹亮

2016年9月5日，女排队员与北大师生在"振兴中华碑"前合影留念。

如昨。

2016 年 9 月 5 日，北大举办新学期"开学第一课"，邀请夺得奥运金牌载誉归来的中国女排参加，这正像是对历史的又一次"呼应"。4000 名热情的北大师生参与了这次聚会。当天，12 位女排姑娘还特地来到"振兴中华碑"旁，同北大师生一起，与这块历经三十余载风雨的石碑合影留念。

回望历史，北大学子首先喊响"团结起来，振兴中华"的口号，绝非偶然。自 1898 年诞生起，北大的历史就与国家、民族的命运紧密联系在一起，北大学子的使命感、责任感、担当意识和爱国热情也从未改变。在中国近现代历史上每一个关键的时期，北大人都以"敢为天下先"的精神影响着时代，引领着时代。

时光荏苒，但那个春天夜晚在北大校园喊响的口号，那个昂扬而充满激情的 80 年代，依旧魅力不减。

注：特别鸣谢王学珍、王丽梅、黑良杰、牛大勇、王永强诸位老师。

百廿北大，校歌何在：
孔庆东谈北大校歌

外国语学院 2015 级本科生　　李毓琦

工学院 2016 级本科生　　靳树威

◀ 引 言 ▶

每一位北大学子的心中，或许都怀有对北大校歌心心念念的期待。自红楼时期吴梅先生的《北京大学校歌》，到北大90周年校庆时的校歌征集，再到如今一届届学子口耳相传的《燕园情》，北大人从未停止对校歌的追求。如今北大百廿校庆将至，我们还未拥有正式的校歌，但百余年的追求，本就是一段只有期盼而没有遗憾的、荡气回肠的故事，值得每一位北大人传颂与怀想。

而在90周年校庆征集的校歌中传唱最广的一首的词作者，1988年北大中文系研究生、现北大中文系教授孔庆东，作为故事的亲历者，对北大校歌有着尤为亲近的情感与深刻的记忆。我们且听一听，他彼时创作校歌的经历，和对北大校歌过往的思索与未来的展望。

◀ 作校歌：黄金时代一挥就 ▶

孔庆东教授清晰地记得，1988年，时为北京大学中文系研究生的他所创作的校歌，经瞿希贤、王立平、王世英等著名作曲家谱曲、由北大合唱团录制，在北大广播站播放多日所营造出的那一种氛围。北京大学 90 周年校庆时举办了校歌征集活动，而他创作的校歌，有幸成为 80 年代末北大校庆欢乐记忆的一部分。

"90 周年校庆时，整个北大的氛围特别热烈，大家一条心都希望把这件事情做好。"时至今日，孔庆东如是评价当年的校庆校歌征集活动。在校庆筹办过程中，学校宣传部的老师向全校征集校歌并在办公楼召开了第一次座谈会。孔庆东作为中文系研究生参与了这次活动。在会上，师生们的意见达成共识：北大历来没有正式校歌，校歌也不需要由官方钦定，90 周年校庆虽然征集校歌，也不意味着直接确定校歌。北大的校歌应该在自然流传、被师生们逐渐认同中产生。

1988 年的孔庆东，正值 24 岁本命年风华正茂。身为北大三好学生、曾任中文系学生会主席的他，无疑是燕园的"风云人物"。当时的燕园中文系学生"书生意气，挥斥方遒"，孔庆东作为其中一员，也同样热爱创作诗歌；此外，他还常与研究计算机作曲的物理系的龚镇雄老师合作，在龚畅春园的家中一同研究，因而对歌曲的创作比较熟悉——这些都为他创作校歌的歌词提供了有利条件。

当日会议结束后，孔庆东决定响应号召，自己也写一份北大校歌的歌词。在他看来，这歌词既需要凝练的、诗意的语言，又需要嵌有北大的精神，还要为了旋律妥善安排长短句。此外，必须巧妙地放进北大的沙滩红楼和燕园的两段历史——这些构思的要求都绝非轻而易举。然而，当时他肩负着繁重的学习任务，无法专门找时间来写，只能在自习课余的不超过半个小时的"闲工夫"里顺便思考；这首歌便是这样在学习之余的零碎间隙中被写成的。

巍巍学府，浩浩北大。
红楼点燃真理的火炬，
燕园放射青春的光华。
未名湖畔会群英，
晴波映高塔。
北大，北大，
魂系中华！

巍巍学府，浩浩北大。
科学擎起理想的翅膀，
民主开出希望的鲜花。

北大红楼旧照。

　　一代天骄绘宏图，

　　凌空飞骏马。

　　北大，北大，

　　魂系中华！

　　正因时间有限，这首歌的歌词并非冥思苦想的结果。
孔庆东回忆中，推敲得最认真的字，也不过是"晴波映高
塔"的"映"字，因为"这一个动词选准了，才能让句子

更加传神"。因为他当时常常利用课余，给一些文学杂志的刊头刊尾写一些小诗或"段子"，赚一些稿费，"写的东西很多，也并没有将这份歌词看得很重要"，所以将它通过校歌征集的渠道递交上去后，"也并没有特别在意"。至于这份歌词日后被多位大家青睐并在校园广播站日日回响，就是孔庆东未曾料想的后话了。

校歌征集截止后，学校召集入围歌词的作者开第二次座谈会，孔庆东作为热门歌词的作者之一，被邀请在会议上发言，畅谈自己创作的想法。"我的这份歌词是正统的形式，先写景再抒情的套路，因而关键的是文字功夫与思想内容的表达。"

孔庆东创作的校歌只是当时校歌征集活动的优秀作品之一。翻阅当时的校刊，这次由校团委宣传部、中文系团总支联合举办的"北大校歌歌词比赛"，遴选出了包括社会学系研究生薛好、中文系研究生孔庆东、法律学系本科生马宙、英语系研究生杜禹田、地质系本科生张辉5名优秀奖，以及英语系屈木禾等20名鼓励奖作品，其中的许多作品后来都经过了谱曲处理。

另一个值得说明的历史细节是，北大校友、著名诗人冯至先生也详细审阅了这批作品并提出自己的建议。冯老将孔庆东校歌中的"巍巍北大,浩浩北大"改为"巍巍学府,浩浩北大",这份改动让歌词免于重复而更加精练,也使得这份歌词越发臻于完美。

1988 年的春夏之交,精心遴选的几份歌词正式进入谱曲阶段,孔庆东的作品也在其中。当时,几位著名作曲家都为孔庆东的歌词谱了曲,其中就有给《红楼梦》电视剧作曲的王立平先生。

老艺术家们的数个谱曲版本,都交由老师合唱团和学生合唱团排练。孔庆东仍记得有一次他在电教附近看到了他们的排练,心中十分感动:"有一位老指挥先生反复纠正合唱团两个字的唱法,而他所讲解的其中阐发的情感,我自己当初创作时也并未意识到。"当时北大的广播站是学生们大量信息的来源渠道,也是日常生活中不可或缺的部分,因而广播站连续多日播放这首歌的各种版本,扩大了这首歌的影响力。校歌征集活动,为此后的 90 周年校庆奏响了先声。此后大家都支持着校方的各种活动,举行各种纪念仪式与联欢。

孔庆东心中依然葆有着对 1988 年他写下校歌时的那个北大的美好怀念。对孔庆东来说,90 周年校庆所在的80 年代,也正是北大的"黄金时代",它纠正了以往僵化的思想，当时北大学子的心情自由舒畅，内心也充溢着家国情怀，北大和整个社会一条心，学生们既为自己又为国家而自勉奋斗。在这样的社会背景中，北大的校庆无疑为师生们乃至整个社会所珍重，当初的歌词里寄托的师生们对北大的情感，现在看来尤为珍贵。那时的北大沉得住气，仿佛是中国社会的"定海神针"。

◀ 议校歌：造校歌史又何妨 ▶

距离 90 周年校庆近三十年过去，北大历经种种人事变迁，即将转过两个甲子，迎来百廿周年校庆，而北大校方一直沿袭过去的传统——北大不设立校歌。

对此，人们不免疑惑：北大是否应当有属于自己的校歌？孔庆东的解释是："我从感情上也希望北大有校歌，但一定不是官方推出的；而是在漫长的岁月里，北大的学生和老师共同认可的、有一定传唱度的歌曲。"

他的这一想法受到了国歌产生过程的启发：在 1949年，新中国也进行了国歌的征集，但毛主席在会议中说，不要官方钦定的国歌，而应该找一个能代表新中国精神、并有一定传唱度、大家都认可的歌曲。田汉的《义勇军进行曲》起初是代国歌，经过时间的考验后逐渐被全国人民认可，才被确立为法定的国歌。以此类推，北大校歌也一样，"未必在某个时候推出，而是可以作为一种历史性活动"——

酝酿校歌的过程本身，就足以成为跌宕起伏的校歌史，在这个过程中做出贡献的都值得纪念，相比之下，正式订立一个校歌反而没有这样的影响力。作为北大校歌史诸多缔造者中的一分子，孔庆东对北大历史中那些风靡校园、成为北大师生心中的"准校歌"的歌曲如数家珍，其中历史最久远的便是民国初年吴梅先生所作的《北京大学校歌》。

1918年4月24日，《北京大学日刊》刊登了这首由北大文科教授吴瞿安（吴梅）先生创作的歌曲。它为北大廿周年校庆而作，在蔡元培时期的北大广为传唱，歌词采用散曲曲谱"锦缠道"填写，不作标点且文字古奥，所以流传版本中常常会出现句读舛误。吴梅先生的《霜崖曲录》中还收录了这首歌的改定稿《正宫锦缠道·示北雍诸生》，但原词流传更广。

景山门，启鳣帷，成均又新。

弦诵一堂春。

破朝昏，鸡鸣风雨相亲。

数分科，有东西秘文；

论同堂，尽南北儒珍。

珍重读书身，

莫白了青青双鬓。

男儿自有真，

谁不是，良时豪俊？

待培养出，

文章气节少年人。

　　孔庆东认为，吴梅先生创作的校歌"带有'晚清民国范'，如同晚清国歌《巩金瓯》一般，都太古雅，大众性不够；歌词古奥的歌曲往往会缺乏通俗性，并不适合作为校歌使用"。北大1921年11月9日的一场评议会上决定"本校暂不制校歌"，这一原则也延续至今。

　　相较之下，西南联大时期的北大校歌或许有着更高的知名度。抗战期间兵戈扰攘，北大与清华大学、南开大学联合内迁，几经辗转，最终从国立长沙临时大学迁到昆

北京大學校歌

5 3 6 5 | 6 - 2 1 3 5 | 6 1 6 5 6 | 3 5 6 - | 6.5 3 3 2 |
景 山 門　啟　鐈 幃 成 均

1 3 2 1 - | 6.1 6 - | 6 - 3 5 | 6 - 5 1 6 | 5 - 6 5 | 3 5 6 5 5 8 |
又　新　絃 誦 一　堂

2 - 3.2 | 1 2 1 6 | 6.6 5 3 | 2 2 - 1 | 6 1 6 5 6 | 6.5 3 3 2 |
春　　破 朝 昏 雞 鳴

3.5 3 2 | 1 - 2 - | 2 - 3 - | 3.5 3 - | 2 - 2 1 3 5 | 6 6 - 5 |
風 雨　相　親　數　分 科 有

6 1 6 - | 6.5 3 2 | 3.2 1 6 | 5 - 6 - | 6 - 5 1 6 5 3 | 1 3 2 3.2 |
東 西　秘 文　論　同 堂 盡

3 5 6 1 | 6 - 1 6 5 | 3 5 - - | 6.5 3 - | 5 - 5 - | 6 5 3 6 5 3 2 1 |
南 北　儒　珍 珍　重

6 - 1 2 3 | 5 6 5 3 | 2 3.2 | 1 2 1 6 | 6 - 2 3 | 1 3 2 3.5 |
讀 書 身　　莫 白 了

6 1 6 - | 6 6 6 5 3 2 | 3.2 1 6 5 | 6 2 1 6 - | 1 2 1 6 1 |
青 青　雙 鬢　男 兒

1 3 2 1 6 5 3 5 | 6 - 5 6 | 5 6 5 1 6 5 3 2 | 1 3 2 3 | 3.5 3 2 1 |
自　有 真 誰 不 是　良 時

6 - 1 2 | 1 3 2 1 6 - | 6.1 6 1 2 | 3 5 6 - | 1 - 6 5 | 3 - 5 3 2 | 2.1 6.1 |
豪 俊　待 培 養 出 文 章 氣　節 少

1 2 3 2 1 1 1 6 | 5 - 6 - ‖
年　　　人

文科教授吳梅撰

吴梅先生创作的《北京大学校歌》。

明，成立西南联合大学。1938年10月6日，西南联大决定成立编制校歌校训委员会，聘请冯友兰、朱自清、罗常培、罗庸、闻一多为委员，冯友兰为主席，其中最广为传唱的校歌《满江红》，词作者究竟是原北大国文系教授罗庸还是冯友兰，已成历史公案。

> 万里长征，辞却了五朝宫阙。
>
> 暂驻衡山湘水，又成离别。
>
> 绝徼移栽桢干质，九州遍洒黎元血。
>
> 尽茄吹，弦诵在山城，情弥切。
>
> 千秋耻，终当雪。
>
> 中兴业，须人杰。
>
> 便一成三户，壮怀难折。
>
> 多难殷忧新国运，动心忍性希前哲。
>
> 待驱除仇寇，复神京，还燕碣。

《满江红》是北大在30年代抗战时期的校歌记忆，由颠沛流离的时代造就，虽失之时代性太强，仍是北大校歌史重要的组成部分，真切地反映了当时西南联大的主体精神。"对于那个时代背景下的西南联大来说，已经是很成

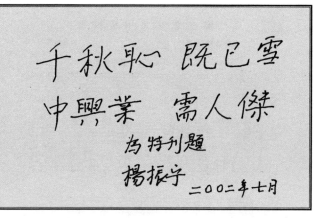

由"终当雪"到"既已雪",杨振宁先生致敬西南联大校歌。

功的校歌。"此外,同时期还有另一首常为人忽视的所谓"校歌"。北平沦陷后,华北日伪政府宣称北大"复校",建立伪北大。1941年,汤尔和所作的《国立北京大学校校歌》被订立为北大正式"校歌",但这首伪北大的"校歌"从未被真正的北大所承认。

> 大淘大哉,北大淘大哉。
> 黄河之水天上来,
> 历史悠然五十载。

汤尔和所作伪北大"校歌"。

惟我多士辟草莱。

研精科学，发抒文章，

共为国士毋相忘。

须知校运有隆替，

北大寿命永无疆。

　　对北大的这段旁逸斜出的历史，孔庆东秉持着回避不如直面的态度。抗战胜利日军宣布投降后，伪北大被国民政府解散，这首被评价为"艺术性不错"的"校歌"也被真正的北大学子淡忘，仅仅在校歌史中存留。

　　而对于新世纪的北大学生而言，最深入人心的校歌非《燕园情》莫属。此曲的歌词是周保平在1952年为庆贺北大迁入燕园所作，后来被孟卫东谱成曲，成为我们现在熟知、传唱的《燕园情》。歌词先对"五四"先哲的凤求和西南联大的颠沛做了回顾，然后抒写今日学子的读书报国之志。这首被配器者马清认为"主旋律大气、易学，十分适合传唱"的歌曲，已成为学子心中一种普遍的北大记忆。

　　红楼飞雪，一时英杰，

先哲曾书写，爱国进步民主科学。

忆昔长别，阳关千叠，

狂歌曾竟夜，收拾山河待百年约。

我们来自江南塞北，情系着城镇乡野；

我们走向海角天涯，指点着三山五岳。

我们今天东风桃李，用青春完成作业；

北大合唱团合唱《燕园情》。

我们明天巨木成林，让中华震惊世界。

燕园情，千千结，问少年心事，

眼底未名水，胸中黄河月。

　　然而，对孔庆东来说，《燕园情》虽然优美，却缺乏了一些豪迈的力度。"北大精神太复杂，有很抒情的一面，但在社会上更主旋律的是昂扬的、黄钟大吕的一面。我们可以在校园外认出北大的校友，正是因为北大人具有的这种气质。北大的风格应当叫作：豪放为主，不废婉约。"《燕园情》直到新世纪才逐渐从历史中浮现、走向主流，在孔庆东看来，这说明现在北大人逐渐走向'无语'的状态，要'有语'，就要把一些无害的老东西挖掘出来再研究；这是思想上的无害化处理。但《燕园情》绝不平庸，"它有卓越的文学性与艺术性。在思想方面尽可能地做到没有棱角，所以得到了校方的支持，也被大家传唱"。

　　亲身经历黄金的80年代的他，记忆中当年最为北大学生推崇的歌曲，并非《燕园情》，反倒是以《未名湖是个海洋》为代表的校园歌曲。这首歌最具有大众性，无论在晚会上还是宿舍里，都被校园吉他歌手一遍又一遍地吟唱。

这真是一块圣地，

今天我来到这里。

阳光月光星光灯光在照耀，

她的面孔在欢笑和哭泣。

这真是一块圣地，

梦中我来到这里。

湖水泪水汗水血水在闪烁，

告诉我这里没有游戏。

未名湖是个海洋，

诗人都藏在水底。

灵魂们都是一条鱼，

也会从水面跃起。

未名湖是个海洋，

鸟儿飞来这个地方。

这里是我的胸膛，

这里跳着我的心脏。

就在这里，就在这里。

这首风格非常"80年代"的歌曲，深刻地留存在孔庆东记忆里，与其说是对北大80年代风光的缅怀，不如说是一支对逝去的黄金年代的挽歌。"这首歌中所唱的感伤、追忆，都在慢慢随着时间淡化。"

究竟怎样的一首歌曲适合作为北大的校歌？"用三个词概括就是，大气、优美、通俗，"孔庆东如是解读道，"大气，这是北大的特征，北大不能沉溺于比较小的格局；优美，文学性、艺术性对于校歌来说不可或缺；通俗，这不意味着校歌要用流行歌曲，而是要明白晓畅、传唱度高。除此之外，校歌可以有时代性，但时代性不能太具体。"

从这些维度来说，孔庆东认为最成功的校歌应属冼星海所作的延安抗日军政大学的校歌，与同时期上海广为传唱的《夜来香》的靡靡之音一比较，就知道"国家是延安抗大这伙人的"——好的校歌应该具有这样引领时代昂扬向上的品质。

如果一定要在已有的这几首歌曲之中选取一首作为校歌，孔庆东相较而言更倾向于自己所写的校歌，倘若要打分，"至少打85分吧，或者也可以打90分"，因为这其中"有北大90年历史的沉淀，北大的精神不是几个抽象的词语，每一个词在我的心中都是有画面的"。但他也承认，自己所作的校歌，在各个维度上仍然有所欠缺，这些欠缺，或许将由未来的校歌史弥补。

"百廿周年校庆，如果我再写一份校歌歌词，超越1988年那一首也很难。但北大的历史还在延续，北大还会有大事。社会上、校园中的一些大事情产生新的精神，也会推动文化的发展。北大好的校歌作品还会有，北大的校歌史仍然会书写新的篇章。我们不必纠结于北大是否有正式的校歌，可以释怀。"

新的历史不断覆盖旧的遗憾，北大校歌的历史从不间断，并将承载着每一代北大人的情怀与期待，一直传递下去，与其说是憾事，不如说是幸事。

百廿将至，北大校歌的归宿仍在未来。

注：特别感谢孔庆东老师、北京大学图书馆对本文写作的大力支持。

一个百年前的创业项目：
在北京大学开家银行

光华管理学院 2013 级本科生 　　　　陈泽阳

中国语言文学系 2013 级本科生 　　　　刘　东

知道创业是什么感觉的人，不太多。

创业开个银行是什么感觉？经历过的人肯定很少。

但是它真真实实地在北大发生过。

1917 年 11 月，北京大学开始筹备学生银行。

◀ 你问我支持还是不支持？ ▶

开家银行跟开家杂货铺比，有什么不同？最简单的一条，对于经济运行而言，银行通过存款借贷而创造货币，比一家杂货铺对经济运行的影响要大得多了。在北大卖咖啡尚要有营业执照，想在北大开一家银行，自然也要首先获得制度方面的认可。

1917 年 11 月 25 日，《北京大学日刊》刊登了一则名为"创办学生银行之筹备"的校长布告。在这则布告中，学校许可在法科、经济科的在校生及毕业生中选举成立筹办委员会，并承诺为筹办委员会提供办公地、聘请教员督导、组织去清华大学实地考察，甚至还将为此提供一定数量的经费。

学校这关通过了，如何获得北大师生的支持，显然

校长布告——创办学生银行之筹备，1917年11月25日《北京大学日刊》。

徐宝璜教授来信，1917 年 11 月 27 日《北京大学日刊》。

就成了更为重要的问题。这里呼唤着一个能把故事讲好的人。

徐宝璜先生（1984—1930）曾任北京大学新闻学教授，被誉为"新闻教育界第一位大师"和"新闻学界最初开山祖"。不过，他与北京大学学生银行的一段往事，却鲜少有人提及——徐先生是最先公开讲述开办银行这一"故事"的人。他后来担任了北大学生银行筹办委员会的临时主席，为北京大学学生银行的开办尽心尽力。

校长布告两天后（11月27日），《北京大学日刊》上发表了徐宝璜教授的一封来信。信中，徐先生以一、二、三、四为一级标题，甲、乙、丙、丁为二级标题，子、丑、寅、卯为三级标题，条分缕析地讲述了创办学生银行的各种益处——既能鼓励学生储蓄，还可在时间、地点、数额、利息等方面便利学生储蓄。更可贷款济急，提供实习机会。从长远看，还能"使一般学生熟知银行之功用"，普及金融知识。

徐先生还用法国、英国、美国已有千余家学生银行的实例，以及清华学生储蓄银行开办以来的情况，来证明学生银行的可行性。后者也成为北京大学学生银行在初期的学习对象之一。

◀ 取经到隔壁，募款靠自己 ▶

校长布告刊发十天后（12月4日），筹备学生银行委员会迅速地召集起来，由经济、商业各班选举四人组成，一共二十位，当天就召开了第一次会议。

当晚，马寅初先生和徐宝璜先生也出席了会议，徐宝璜先生被公推为临时主席。会议讨论了拟定章程和实地调查等事宜。学校也反应迅速，12月8日，校长便应允联系中国银行、交通银行、新华银行及清华学校前往调查，并且选定了筹委会办公地。

交行、中行、新华几家是当时在北平较有影响力的银行。1908年，清政府邮传部以赎回京汉铁路路权为契机，创办交通银行。1912年，中国银行由原大清银行改组而成。1914年，中国银行和交通银行拨款设立新华银行。三家银行都很年轻，不过，对于当时的中国，这三家自然成了银行界的"老资格"。

12月18日，筹委会去往清华学校考察。彼时北京大学在红楼，属于城中，清华在现在的清华园，属于郊外，相距15公里。因此要乘坐京绥火车前往。清华学生银行

的很多开办经验被筹委会吸收。不过，他们也注意区分了
两校不同的实际情况。筹委会认为，清华学生银行能够成
功创办，首先得益于当时清华的学生较北大年幼，费用大
多由家长和保证人直接存在学校，由学校转存学生银行。
为了防止学生浪费，必须给学校开明清单，才能取款。此
外，清华又距离中心城区较远，学生没有什么花销之处，
"而吾校则不然，地处繁华，又与社会相接触，学生富有
自治能力，与清华情形截然不同"。

表 1　清华学生储蓄银行经营情况，1916 年 9 月至 11 月

时间	往来存款	定期存款
1916.9	300 余元	10 余元
1916.10	4000 余元	400 余元
1916.11	8000 余元	2000 余元

北大学生银行规定了自己的额定资本为二千元，分为
二千股，每股一元，收足四分之一的股本，便开始营业。
只要认股，就是北大学生银行的股东，享有参加股东会
议、参与制定决策、定期获得股利等权益。股利分为股息
和红利两部分，股息是常年三厘，相当于每年利率 0.3%，
红利则视经营状况决定。

面向师生招股，北大学生银行并不是孤例。在当时，北大学生银行就有一个旗鼓相当的竞争者——北京大学消费公社。虽然在业务上学生银行和消费公社并不冲突，但是在招股期间，它们确实唱起了对台戏。两家都选择了召集募股员的方式来募集资金。消费公社召集了 15 位募股员，学生银行则召集了 39 位募股员。这里面有两头忙活的，比如有一位宗布同学，同时是两个组织的募股员。

1918 年 2 月 1 日的《北京大学日刊》第三版，同时刊出了两家的认股情况。消费公社共有 214 人认股，共计 369 股，即 1845 元，相当于完成了 18.45%；学生银行则共计认购了 889 股，即 889 元，相当于完成了 44.45%，已经达到了开始营业的目标（25%），招股速度更胜一筹。

教职员工里，认股最多的是蔡元培先生，他在消费公社认购了 10 股，在学生银行认购了 50 股，两边都是 50 元，谁也不偏着。马寅初先生在消费公社认购了 4 股，在学生银行认购了 20 股，也是一碗水端平。

学生认股大多数是一股或者两股，不过，也有出手阔绰的。有一位刘善授同学在学生银行认购了 10 股，总计 10 元，有一位谢家筠同学则在消费公社认购了 10 股，总计 50 元，这两位可能是北大当时的大小土豪。

不过，认购是一回事，真正交上股本金是另一回事。在银行开业以后，银行公告的主题基本被"催缴股款"占据，日计表中的"未交股本金"一项也居高不下，直到1921年，还高达700余元。

表2　北大学生银行未交股本金，1918年3月至11月

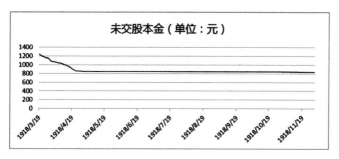

数据来源：《北京大学日刊》，北京大学学生银行日计表。

◀ 试水 ▶

当然，凡事有支持就有反对。不是所有学生都能参加到学生银行的创办中，尤其是对于经济、法律专业之外的学生来说，就更容易对这个横空出世、"劫人钱财"的机

构产生怀疑。

比如，当时的北大学生，"有谓学生银行系经济及商业二门同学所办理，不能关于全体"，他们质疑北大学生银行到底是经济、商业专业学生的练习，还是全北大人的银行。对此学生银行的回应是，"不知斯行为吾校全体学生之银行，其所以劳经商二门诸君办理者，本其所学而资实习耳。非谓斯行系彼等所办，即为彼等所有也"。

此外，又有北大学生提出，"学生银行系盈利性质，存贷款项均有利息，实无别乎商业银行"，言下之意是，学生们不太认可校园银行还要赚学生钱财这一点。学生银行一方则回应，"以为商业银行营业所获利润均诸股东，纯以盈利性质，而学生银行所得利润仍存积银行，以充同学办理公益事业之用途，其性质略有不同"。

除了对于银行这一组织的误解，也有学生对办事流程不够理解，因此闹出了一些乱子。《北京大学日刊》曾报道了这样一则闹剧："1918 年 6 月 20 日上午，法科本科三年级法律门学生郭大鸣，因收汇款，持中国银行空白收款凭单一纸，向教务处职员要求盖用本科图章。教务处职员因系空白收据且未见汇票，未允代盖。该生即在教务处拍桌大闹，强索盖用图章。该生如此举动，不但无理取闹，且毫不知办事之手续，愚昧复嚣张，应照章记过一次，此白。"

◀ 撸起袖子加油干 ▶

不知这样的几个回合下来，是否能够消融所有误解，但是，从学生银行的日计表上来看，确实有越来越多的师生开始尝试银行的储蓄和贷款业务了，开业首月，定期存款、活期存款稳步增加，保证放款和抵押放款也很踊跃。

在开业一个星期以后，北大学生银行就扩大了业务、开设了一家分行。"本行为便利同学起见，特设分行于第一斋定于二十五日（星期一）开业专理存款，凡存款者径行该处接洽可也……"

办银行需要面对各种各样棘手的问题。比如，学生银行的存贷款有明显的周期性。这是因为学生往往在学期初存款、贷款，在学期末取款、还款。这使得每到学期末，银行的存贷款项目基本会清零，也会在寒暑假缩短营业时间。对于学生银行的管理者们来说，每个学期都是新的，他们得从头开始拉存款。为了解决这一问题，在 1920 年 9

表 3　北京大学学生银行开业首月内存贷款，1918 年 3 月 19 日至 4 月 19 日

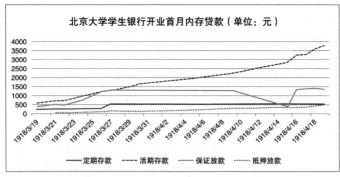

数据来源：《北京大学日刊》，北京大学学生银行日计表。

月的《北京大学日刊》上，便出现了一则通告——

　　先是表达对同学们新学期归来的欢迎："顷者，本校开学伊始，同学诸君负笈远来，必然多携资斧用，备一年之膏火，故甚善矣。"

　　然后提出隐患，敲响警钟："然慢藏诲盗，古有明训，诸君手存现款，弗患遗失浪费乎？"

　　心生疑窦之际，再给出解决方案："兹为诸君计欲防此患，唯有存款于本银行扃鐍，有所需用，随时提取，既免遗失浪费之虞，又收子母相权之效，称一举而两得。"

再附上其他业务的介绍，趁热打铁："查本校设立本银行之初，旨即在提倡储蓄，经管存款，兼设放款，以通缓急，更有贴现放款与代理取款两种代为取兑汇票，凡此皆所以为便利同学计也。"

最后总结，敞开学生银行宽广的怀抱："同学诸君如有存款借款或委托代取或贴现汇票者，均祈来行接洽，无任欢迎之至。"

确实是很优秀的文案了。

另一个实际问题是学生储户因为上课，时间弹性太小，上课时间可能和银行营业时间冲突。北大学生银行充分考虑到了这些情况，比如，把营业开始时间设置在中午十二点半，以方便师生下课后来办理业务。后来考虑到北大学生可能在其他商业银行有存款，还提供了"代理取款"的业务，并收取一些手续费。代为跑腿的"O2O"业务，看来也是早已有之。这个业务的聪明之处在于：一个学生很有可能把存款取来之后，就转存在北大学生银行了。

学生银行的红火，还把另一件事带动起来了——发遗失启事。就像现在朋友圈里各式"求帮转"一样，《北京大学日刊》上开始频繁出现各类学生银行单据遗失的启事。有趣的是，1922年徐宝璜先生也丢了东西："（徐宝璜

表 4　代理取款收费规则，1918 年 4 月 11 日《北京大学日刊》

10 元以下	2 分
10 ~ 30 元	4 分
30 ~ 50 元	6 分
50 ~ 100 元	8 分
100 ~ 200 元	1 角
200 ~ 500 元	2 角
500 ~ 1000 元	3 角
1000 元以上	另议

启事）璜所有之本校学生储蓄银行股票一纸现已遗失，特申明作废。"

学生银行的业务扩大，也伴随着其他社会的变化，比如电话号码位数的增加。1918 年 12 月，北大学生银行发布通告："本行新装电话改为东局 2883 号，以前所用东局 638 号业已取消。"

除了用存贷款业务服务师生，学生银行也一直没有忘记传播银行知识的初衷。在日常招募实习生之外，还从 1921 年开始代售《上海银行周报》，并在 1924 年将《民国十二年份经济统计》作为订阅《上海银行周报》的赠品，以帮助学生了解经济时事。

◀ 胆要大，心需细 ▶

民国的经济并不平稳，即使是一家学生银行，也需要小心前行。北大的学生银行的很多业务是在修改中不断完善的。比如保证放款业务。在开业不到两周之后，因为需要修改放款规则而停止，这项业务经过修改重新推出。

1918 年 4 月 18 日，学生银行查账员徐新六、马寅初及监理员胡钧、王建祖、徐宝璜发布报告，记述了北大学生银行在开业首月内的经营情况："本校学生储蓄银行自开办至今，已逾周月，办法极为妥善，账簿至为整齐，绝无放弃职务混乱账簿之弊，如存出款项有存入银行（如中交新华等）之折据为凭，又按日计表上现存之数点查实存之款，亦复相符，可知本行任务诸君，皆能本其旧日所学而行其职务也。"

不过，这份报告也不都是溢美之词，报告中也指出了现行业务中的一些隐患。比如经过修改的保证放款业务，不仅可以由教师用薪俸保证，还可以由学生保证，这令查账员和监理员感到担心。担保贷款之所以需要担保，是为了降低因贷款人违约而给银行造成损失的风险。教师用薪俸作为保证，既拴着饭碗，又拴着名誉，出现"跑路"的可能性大大降低。相比而言，学生见大事不好卷铺盖走人，就没有这么大的牵绊。虽然银行可以扣留学生的行李，但是变卖毕竟不容易也不方便。因此，报告中写道，"此法之笨呆，为治银行学者所公认"。

查账员、监理员的谨慎小心，是对货币银行学的学识使然，也是对宏观环境的忧心使然，1918 年的货币流通远不像现在这样简单。

清末通用的货币，以银两为单位，但由于重量和纯银的比数不同而名称各异。1911 年辛亥革命后，各省官银号滥发纸币，物价飞涨，袁世凯通过"善后大借款"收回、换发各省贬值的钞券，换发中国银行和交通银行的兑换券。然而，1916 年，为应付急需，中国银行、交通银行又滥发纸币，造成通货膨胀，两家银行又同时发生挤兑风潮。

与币值波动相伴随的是物价的波动。举例说明，可以看一下以 1913 年为基年（=100）的 1900 年至 1925 年的消费指数。这段时间内经济遭受的外来冲击很多，物价的波动是比较大的。比如，同样的一揽子商品，在 1913 年需要 100 元买到，在 1915 年只需要 90 元，1918 年初需要

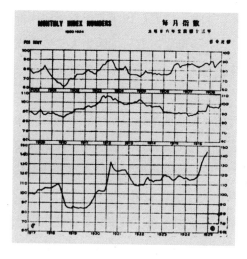

二十五年来北京
之物价及生活程
度，第十四图，每
月指数。

第二十二圖
北京生活費龍
牠的脊骨是每年生活費的指數
牠所追逐的寶珠是一九二四年十二月的生活費

二十五年来北京之
物价及生活程度，
第二十二图。

一个百年前的创业项目：在北京大学开家银行　　127

110 元，年末却只需要 85 元左右。1918 年虽然处在物价的整体下行阶段，但是下降随时有可能因为灾荒或者战事而停止，转为飞速上升，1919 年下半年就发生了这一状况。

好在学生银行的存贷款大多以一个学期为限，几个月内波动不会过大，并且学生银行一直密切关注币值的变化，制定相应的对策。3 月 15 日，学生银行发通告称"23 日起，兑换中交两行钞票铜元，格外克己"。而 27日便因中交票涨落不定，而颁布了"中交票存款暂订办法"，规定中交票形式的存款，利息以中交票的票面价值计算。4 月 25 日，学生银行又发布通告，"凡存入或购入之中交钞，悉以六五折合本位币登记日账"，以使得账目更为清晰。

◀ **在历史的进程中** ▶

1919 年北大学生放火烧了曹汝霖家，政府派军警包围北京大学第三院，拘禁学生百余人。学生恐慌，有提存现象。在这样的紧急关头，政府银行可能将采取停兑措施。当时的学生银行主事者吴宗焘，一面与军警交涉，听任赴银行取款的学生自由出入；一面备置现洋，凡来取款者，均付现洋。结果，学生认为学生银行的信用胜于政府银行，三日之后，从学生银行取走的款项又重新存入，学生银行就这样度过了一次挤兑的危机，并建立了更好的声誉。

还是这一年，北平联合罢课，北平学生会募款接济，北大学生银行则为其提供了存款汇款的服务，声望进一步提高。后来，虽有银行想兼并北大学生银行，都被以维护学生事业为由而拒绝。

1931年，"九一八"事变，北平情况更加危急。1934年，日军进占热河，为了保障储户和股东的权益，一直在南京远程兼理银行事务的吴宗焘请假北上，先收回放款，继发还存款，是年冬季，清账并发还股款、股息红利，遣散行员。

在风雨飘摇的岁月里，北大学生银行如履薄冰地走过了十七年，最终因战事而彻底结束。

苏联专家在北大

中国语言文学系 2015 级本科生　　黄竹莎

"那些老师真负责任，真不错。"87岁的俄语系教授左少兴一边打开60多年前斯维亚托果尔教授的讲义，一边赞叹着曾经在北大任职的苏联专家。

20世纪50年代，在冷战的背景下，中国刮起了向"苏联老大哥"的学习之风。为了响应"全面学习苏联"的方针，苏联专家被聘请至北大讲学，在几年时间中帮助推动教育发展。

1952年11月3日，苏联政治经济学专家古马青珂教授初到中国，作为北大聘请的第一位苏联专家，开始了两年的任职。流转六十五年，当时听专家用俄语授课的少年如今早已白发苍苍，却依然记得别样的50年代。

◂ "我没想到我能考那么好" ▸

苏联专家到达北大后，纷纷投入到各个院系的课堂，让伏尔加河畔的歌声从千里外的苏联飘入北大的园子中。然而，专家和学生的语言交流存在着障碍，上课方式和考核方式都与传统模式不同，北大的学生在新奇中开始了新的学习之路。

为了跨越师生间的语言沟壑，学校采取了"翻译教师"的措施，从俄语系选出学生到各个院系进行翻译工作，以便中国学生有效地听懂老师的授课内容。

苏联专家主讲的马列主义基础课便是如此，翻译念讲稿，学生埋头记录。每次上课，苏联专家西装革履，学生亦衣着整洁、坐立端正以表示敬师敬业。讲课时由于翻译教师讲念很快，学生们必须全神贯注，容不得半点走神，否则笔记就难记全。为了不遗漏，各人都自创速记符号，下课后再重新整理。课后，青年教师将学生集中在小教室辅导小组讨论，同学们对重点疑难问题进行讨论、争辩，直到弄清，最后由老师做正确结论。

翻译教师的节奏把控是一个巨大的挑战，讲得太快，学生就记不下来，反之则无法跟上苏联专家的脚步。1952级北大中文系硕士生陆颖华对文学概论课上的俄语系翻译张秋华印象深刻："讲课翻译这个环节是很紧的，但是她翻译得很好，水平很高。"

苏联专家没有因为语言问题放松对学生的管教，相反，他们严格地要求学生的学习态度。萨坡什尼可夫的研究生班主要学习马克思主义哲学的课程和撰写毕业论文，按照北大当时的计划，研究生班不用写毕业论文，以培养教师为主要目的。但这位苏联专家要求研究生必须作论文，让四个翻译将二十本毕业论文全部翻译成俄文后拿给他审阅，然后一个个进行论文答辩。

萨坡什尼可夫将班上的同学分成两组，各设组长检查读书笔记，1952年进入北大哲学系的朱德生便是其中之一。有一次，组内一位同学没有完成笔记，他把当时的哲学系系主任郑昕叫到办公室，当着郑昕的面大骂一通。萨坡什尼可夫大发脾气，狠狠地拍着桌子，装糖水的杯子被他拍打至地。他叹了一口气，皱着眉头说："像你们这么学，我回去怎么向苏联人民交代！不想当元帅的士兵不是好士兵，我现在改一下，不想当科学院院士的研究生不是好研究生！"朱德生回忆，"萨坡什尼可夫要求很严格，我还是十分怀念他的。"

期末季的到来往往让学生感到焦虑和紧张，尤其在新型的考试前，学生们更是无所适从。学校的课程被划分为两种类型——考试课和考察课，考试课成绩从原来的百分制改为优秀、良好、合格、不合格四级，考察课成绩则分为通过、不通过。同时，北大参照苏联的模式增加口试的考核形式，按照"5分制"的标准进行打分。

陆颖华对文学概论课的期末考试印象尤其深刻。白纸上写好题目再裹成小卷儿，学生从纸卷中任取其一，思考几分钟后根据题目进行回答，由翻译老师将汉语转换成俄语讲给苏联专家听。陆颖华说："我印象比较深是因为当时得了一个 5 分，我没想到我能考那么好，一提到这个我印象还是很深，根本就忘不了。"一直站在一旁目睹大家考试的中文系系主任杨晦老师欣慰地看着拿了满分的陆颖华，露出了笑颜。

马列主义基础课的学生在小考场外间抽题，按序入场，四位老师像法官一样分坐前方，学生们似"被告"坐在对面回答后再由老师进一步提问，直到学生对此题的方方面面完全理解透彻。老师合议后由主考老师根据学生回答的全面深刻程度，给以"5、4、3、2"即优、良、中、劣四级分数。

但是，苏联专家并没有一味地看重分数，他们常常从学生的角度思考。一次，马克思列宁主义基础课举行测验，有一位教师没有给第一个应考的同学充分的准备时间，令其抽题后立即回答。马克思列宁主义基础教研组的鲍罗廷教授知道这件事后非常生气。他说："这是不近人情的事，简直是和学生为难。学生有权利要求给他准备答案的时间，要是这种权利遭到剥夺，他可以提出控诉。"从学生的利益出发，苏联专家给很多北大学生留下了亲切的印象。

◀ 跨越国界的朋友 ▶

不远千里而来，带着两个国家的期待，苏联专家感受到了肩上的重量。生活在北大，他们成为文化沟通的桥梁，让苏联的舞曲落入中国人的心中，种在50年代的土壤里，同时又在一次次的交流中感受到了中华文化的魅力。文化的碰撞使苏联专家与北大学子间建立起了跨越国界的友谊。

居住在苏联专家招待所（现为友谊宾馆）的苏联专家享受着足尖与地面触碰间的生命之力，每逢周末和节假日，舞曲的声音便萦绕在招待所的上空。1956年十月革命纪念日的时候，北大俄语系助教左少兴带着班里的几名同学前往参加庆祝活动，在俄语歌中跟着专家们一同起舞。北大俄语系彭克巽教授提到教授文学的卡普斯钦最爱跳舞，未名湖畔的舞会成为他回忆中不可分割的一部分。穿着布拉吉的卡普斯钦夫人坐在湖边谈笑风生，学生们伴着音乐舞动着年轻的身姿，孩子的笑声惊起阵阵波澜。

闲暇之余，专家也会跟着北大的老师或同学四处游玩，教授苏联文学史的鲍罗金娜在天坛留下了自己的足迹，在卫国战争中受伤的卡普斯钦拄着拐杖站在鲁迅故居门前，感受着中国文学家的气息。

不同的文化在融合时可能发生偏离，苏联专家与中国教授的相处并非一直平静如水，相互碰撞后荡开的涟漪让彼此在争论中增进感情，成为朋友。

1954年任北大化学系胶体化学教研室主任的傅鹰曾经一度瞧不起同在胶体化学教研室的诺沃德拉诺夫，他在公开场合散布说："他只配做我的讲师！"两人的关系由此十分僵硬。后来经过江隆基校长的调停，傅鹰才逐渐改变自己的观点。1956年7月，诺沃德拉诺夫任职期满，准备回国时，傅鹰与他握手言和，谈笑风生，相互赠送礼品。在诺氏代表专家组发表了热情洋溢的讲话之后，傅鹰即兴赋诗一首，赠别诺沃德拉诺夫。他站起身，大声念着："二年绛帐春风暖，桃李盈庭一手栽。"后来诺沃德拉诺夫回应："傅鹰教授确实是一位权威学者，我很钦佩他。"

文化在园地碰撞，两个国家在北大融合靠近，向对方展示自己独特的精神记忆。苏联专家与北大的教授们交流沟通，在共同的目标中留下了不同的情感体验，彼此的争论萌发着跨越国界的友谊，盘旋在 20 世纪 50 年代，久久不散。

◀ **从北大到全国** ▶

1950 年 4 月 7 日，联共（布）中央政治局做出决议，批准了苏联部长会议关于派遣一组苏联教授和讲师前往中国工作的决议草案，以回应中国政府的请求。为此，苏联挑选出 42 名教授、副教授和讲师前往中国工作。以此为始，高校根据本校专业发展需要向高教部提出申请，引入苏联专家。

北京大学自 1952 年院系调整以后，进行了一系列的教学改革工作，包括将学制由学分制改成学年制，移植苏联高校的教研室制度等，目的是要按照苏联高等学校的榜样把北大改造成为在马克思列宁主义思想领导下的社会主义大学。当时涌入的苏联专家大致分为三类：马克思列宁主义理论方面的专家、自然科学方面的专家、人文科学方面的专家。几年的时间中，一些教研室从无到有、从小到大，逐渐成长。向苏联专家学习的中国学生自觉地担负起传承的使命，在有限的时间内学到最精华的东西，随之将其传向各地。

根据"学习苏联先进经验并与中国实际情况相结合"的方针，北京大学在苏联专家的影响下逐步建立起新专业。苏洛诺夫于 1954 年初来到北京大学后，帮助建立了高级神经活动生理学，根据教师每个人的具体情况安排进修方向，从基础的高级神经活动课起一直到分析器学说等专门课止。物理系电子物理教研室的专家谢曼，也把电子光学的最新成果带给全体教师，他亲自主持的讨论会，每周三次，一年内从不间断。

1956 年初的一天，俄语系语言教研室的主任田宝齐教授找到当时为团支部委员的左少兴，建议他脱产学习古代俄语，当时党政领导的要求是："苏联专家回国后，必须由你们顶上专家的课程。"尽管奉行"服从组织安排"的原则，但左少兴忍不住想："现代俄语还要提高呢，还学古代的？"一段时间后，在俄语系工作的 A. 克里钦开始在静园六院 208 室教授俄语历史语法，四个月内让左少兴完成了由苏联出版的古俄语练习集。后来，北大校方出面从当时的俄专（北京俄语学院）聘任教授古俄语文献的科泽列夫，左少兴成为他的学生。六院208室没有黑板粉笔，师生共坐一张沙发，采用问答式的教学方法。上课一开始，左少兴便把自己准备的古俄语文本口译成现代俄语，再由老师随时指点和纠正。"当时系里有规定，专家一回国，我就要独当一面。那时我就很紧张。"为了把握有限的时间，他尽量多阅读一些俄语书，并趁专家在的时候询问疑惑点。

一年后，科泽列夫回国，左少兴将所学传承至后来者，第一次为俄语系高年级学生开设选修课"俄语历史语法"。

与此同时，研究班的开设让全国各地的优秀学生、教师有机会接触苏联的思想。他们使用的讲稿被高等教育部介绍到全国各高等学校和科学研究机关，作为学习和参考的资料，专家们培养的研究生毕业后回到各地从事教学或科学研究工作。苏联的思想就这样一圈圈地从北大扩散开来，向全国蔓延。

1954年2月20日，苏联文艺理论专家毕达可夫到校，帮助北大中文系建立文学理论学科。两个月后，文艺理论研究班正式开办，从中文系、西语系和俄语系三个系的高年级学生中挑选出 15 人成为学员，另外全国各地高校的进修教师亦聚于此地，学习深造。尽管大家都很认真，但时任班主任的杨晦教授还是提醒："文艺理论是从文艺实践中来的，中国有自己的文艺实践，苏联的文艺理论只是作为我们的参考，不能照搬，还是要总结我们自己民族的东西。"

听课的教师们一边听课，一边将笔记寄到所在学校，由在校教师结合中国实际迅速编写成教材以应教学的急需。教学经验丰富的则利用这个时机编写起自己的教材。

在苏联专家的帮助下，北大社会主义教育体制的基础得到了巩固，新式的教育理念和体制以北大为起点，迅速传向全国各地，在借鉴中得到完善。

在那样的 50 年代，满载着热情的苏联专家来到正发生着教育变革的土地，于此播种育秧，将苏联式的文化体系传递给北大人。跨越国家的友情闪烁在穿着布拉吉、听着苏联音乐的岁月中，在时代车轮向前的同时依然明亮如昨。"那是知识分子的黄金年呀！"左少兴扶着眼镜笑着慨叹。

未名湖冰场：
90 年笑声、热血与一座桥梁

哲学系宗教学系 2014 级本科生　　杨泽毅

艺术学院 2013 级本科生　　李斯扬

中国语言文学系 2015 级本科生　　缑清睿

一个消息在朋友圈里飞速传开：未名湖冰场要从今天开始试运行了。

　　暖冬已经让人迫不及待地走上了湖面。早在 2016 年的最后一天，BBS 上就出现了今冬第一个掉进未名湖的人，他给潜在的后继者们留下"冰海"逃生的教训："不要扒旁边的冰层，扒哪碎哪。"

　　他的先驱们大概还有更多教训与警告，可是对冬天的渴望依然年复一年诱惑人踏上冰面，直到逝去的生命再度

未名湖冰场与穿行在围场外的同学。

提醒这一步的重量。

好在未名湖的冰场马上就要正式开放了。熟悉的围栏早已赶在 2016 年底立好，很快这里就将出现一块专供滑冰和玩冰车的场地：宽敞、安全，不必担心脚下突然传来开裂的声音。

这片不大的冰场，有着与燕园一样古老的记忆。90 年来，燕大与北大的师生在这片冰面上打过冰球，考过体育课，也办过舞会与运动会。几天后你无意滑出的那道冰痕，或许与冰心的弟弟当年滑过的路线重合；你一着不慎跌倒之处，可能也是陈平原学生时代感叹"坐在冰上的时间，远比站着的时间多"的地方。

◀ "寒光刀影未名湖，北海稷园总不如" ▶

20 世纪 20 年代，燕京大学在迁入燕园的第一年里整修校址、疏浚水体。当时的湖还不叫未名湖，水也全部放干了，回国任教的冰心曾沿着干涸的湖底，从朗润园走到她在燕南园的教师宿舍。

很快湖里重又放满了水，当年冬天便被设为冰场。冰心的二弟谢为杰恰好在这年考上燕大，冬天里学生们在未名湖上化装溜冰，他借来冰心的黑绸衣裙，按此前话剧表演里的角色把自己装扮成女服务员，在冰上一边端着道具杯盘一边旋舞。

清朝八旗冰鞋营的御用"冰嬉"表演与西式滑冰工具的传入，使得滑冰成为老北京百姓的日常爱好，未名湖则是最有名的冰场之一。

老北京的名门贵胄唐鲁孙在《海甸之忆》中写道，那时北京人印象中的燕大学生"手头比较阔绰而且欧化……连带海甸（注：即海淀）市面也带点洋味儿起来。尤其到了隆冬十月未名湖结冰，溜冰场一开幕，冰镜清辉，莹澈似玉，男女交错，共舞同溜，矫若惊龙，飘若醉蝶，人新衣香，交织成趣。比起城里公园北海几处溜冰场的众生喧闹，品流庞杂，要高明多啦"。

燕大学子的文雅风度，配上湖面上博雅塔的重檐倒影，与远处的西山雪景和颐和园佛香阁相呼应，成为学者邓云乡笔下"北京最高级的、最美丽的冰场"，民间打油诗也给予"寒光刀影未名湖，北海稷园总不如"的称誉。

冰场很快成为燕大师生的乐园，30年代的学子在冰面上举行化装舞会版的溜冰比赛，参赛学生身着各种搞怪的套装。冰场在没有比赛的日子里同样热闹非凡，1934年的《益世报》曾收到燕大三院的投稿："尤其是在夜里，那一盏盏明亮的电灯，照耀在平滑晶莹的冰面上，反射出美丽的金光……在黑暗的笼罩中，明亮的灯光下，只听到各种腔调的嬉笑，看到那足下光亮的冰刀的闪耀，这的确是一个夜之乐园！"

除他们外，冰场吸引的还有住在周边的孩子们，例如环境科学与工程学院现已退休的教师赵汝敖。当时还未上中学的他和自己的妹妹一起，在未名湖由燕大的学生带领着滑冰。燕京大学附中和附近的成志中学甚至每年都会在这里举办滑冰比赛。

1952年院系调整，北京大学迁入燕园，未名湖冰场也接纳了北大的师生和家属。父亲在北大任教的孙才先，和许多北大教授家庭一样住在燕东园的小楼中，邻里的孩子们冬天都在未名湖上一起赛冰车、打冰球。

他对制作冰车深有感触："初级的自己做个冰车，从每家做饭或冬天烧锅炉买的劈柴里挑些小木板，钉成小车，下面钉上用来绑脚手架的镀锌粗铁丝，不知为什么这种铁丝叫'豆条'；然后锯上两段小圆木柱，圆心上钉上去了头的大钉子，再把钉头磨尖，做成冰叉，制作就完成了。"

小孩子们就坐在这样的简易冰车上，两手各拿一个冰叉使劲杵冰，比着谁滑得更快。

林盈是孙才先在北大附小时的同学，她的父亲林启武是燕大与北大的体育教师，从3岁起就带着她滑冰，14岁时林盈因为出色的花样滑冰技术被选为电影《冰上姐妹》的主角之一，从此走上演员之路。赵汝敖兄妹后来都考上了北京大学，在这片打小熟悉的冰场上，他的两个妹妹练出了"不但在北大无人可比，在国内也是出类拔萃"的花滑技术。

他们已经滑远了，从北大滑到更广阔的世界。

◀ **北大学生的冰上体育场** ▶

50年代后期，未名湖滑冰的风潮达到了最高峰。

冰场在冬天的下午和晚上才可供自由使用，上午则是北大学生上滑冰课的场地。林启武是滑冰课的老师，在当时的学生诸天寅描述下，负责教授滑冰的林启武老师"个子不高，瘦瘦的，两眼炯炯有神"。课上他要求一个会滑的同学与一个不会滑的组成一组，诸天寅就是后者，第一次着实摔了几个跟头。考试时林启武给诸天寅的右脚打了4分，左脚只有3分，因为"左脚向后蹬的力度不够"。

　　每年北京市教委和体委会组织一次高校滑冰联赛，高校纷纷组建自己的滑冰代表队，然而据赵汝敖回忆："只有北大和清华有天然的水面冰场，其他学校则是找背阴的空地泼出冰场。所以，除体育学院以外，也以这两个学校的滑冰水平最高。"

1964年未名湖上的盛景。

他的妹妹赵汝光毫无疑问加入了女子花样滑冰队，而赵汝敖则参加了北大的男子冰球队。北大的同学可以在第一体育馆面向未名湖一侧的窗口，免费借用学校体育教研部提供的合穿冰鞋，但冰球队穿的是学校专门订购或定做的特殊冰鞋。

冰球比赛的地方在未名湖湖心岛与南岸临湖轩之间，靠近南岸，与如今的冰场所在地相差无几。一旦比起赛来，队员进攻的速度极快，时而包夹合围，时而单刀截击，比其他竞技比赛紧张多了，成为北大学生竞相观看的活动。

这样高涨的冰上热情一直到"文化大革命"期间才慢慢平息下来，但又随着1978年体育教育室的恢复再度复兴。那时学生的体育课科目都受到规定，一、二年级冬天要上滑冰课，期末考试时要绕着冰场滑行一千米左右。

在1978级中文系学生张曼菱的回忆里，那时的冬天，"清华人大量地来到北大未名湖上的溜冰场，因为清华当时已没有冰场"。

直到有一天，"未名湖边上挂起了条幅'非北大学生禁止上冰场'。两名穿着棉大衣戴红袖套的保安，挨个地查学生证。只要看到冰鞋不是从北大租的外来者，都驱逐

1985 年的未名湖冰场。

出去。那个周末晚上，北大学生照例拎着凳子到清华的操场上去看露天电影。坐稳了，放映之前，银幕上打出一条字幅'非清华的学生请出场'。北大人骂骂咧咧地回来了。人家报复呢"。

1987年，北大举办了首届"未名湖冬季运动会"。运动会连续办了五年，各高校、各区县和体育院校都派出代表队来参加，甚至还曾有过天津派来的代表队。这是未名湖上办过的规模最大的赛事，国家花样滑冰队与速滑队也会被邀请来进行专业表演。

可是第六年的冬天，眼看着冰场设施已经准备齐全、陈设在了未名湖上，冰面却突然开化，所有设备与机器都掉进水中，在未名湖里沉了一整个冬天。学校意识到，北京可能进入了"暖冬期"。

冬天不再适合滑冰了，未名湖冰场就此关闭。冬季运动会的盛景、北大学生在冰上的风姿与笑声，都和冰鞋一起锁进了历史的书柜中。

◀ "不设防的公共场所"与"幻想的句号" ▶

未名湖一关就关了十年。

新世纪初,未名湖上终于又出现了少许自发滑冰的人,小商贩在未名湖上私自圈起了冰场,租起了冰鞋。2005年,学校成立了未名湖冰场管理小组,重新开始管理未名湖的冬季冰上活动。

然而未名湖的冰期由于北京暖冬而缩减为30天,冰层足厚时学校已经进入期末季,组织滑冰课不再可能。这对于南方的同学不知道是好事还是坏事:滑冰当然是愉快的,但考试或许就是梦魇了。

好在到了隆冬之时,未名湖仍会围起冰场,你可以带上自己的冰刀,或者租一双学校的冰鞋,看看未名湖中央视角的北大。

多少人在来北大前梦想过在未名湖畔读书的时光,不过大概很少有人在梦里有过在未名湖上滑冰的情节。从借来冰刀、踏上未名湖冰场的那一刻开始,未名湖从北大的一个符号变成了切切实实的生活场景。

1983年进入北大学习的臧棣现在是中文系的教授,他无疑经历了滑冰的兴盛时期，诗人臧棣笔下的未名湖是浪漫的：

> 在冬天，它是北京的一座滑冰场，
>
> 一种不设防的公共场所，
>
> 向爱情的学院派习作敞开。
>
> 他们成双的躯体光滑，但仍然
>
> 比不上它。它是他们进入
>
> 生活前的最后一个幻想的句号，
>
> 有纯洁到无悔的气质。

或许未名湖在现实与幻想、今天与昨天之间搭成了一道冰筑的、可以肆意滑翔的桥梁。我们在这座桥上遇到第一年来到燕园的冰心姐弟，遇到在未名湖冰场上长大的赵汝敖兄妹、林启武父女与孙才先，遇到冬季运动会上的北京大学代表队，也遇到潜在未名湖底观察与想象着的诗人。

有些事情已经发生了变化。未名湖冰场从集体组织滑冰课变成了各自玩耍；滑冰从不收费变成了5元一小时，对校外价格更高；滑冰队随着暖冬一起消失后，速滑世

冬天里的冰球比赛。

界冠军大杨扬曾在 2010 年来到未名湖，庆祝"北京大学滑冰协会"重新恢复，不过目前滑冰协会似乎再度退出历史，只有轮滑协会的同学们会在冬天统一换上冰刀。

　　但是更多的事情其实没怎么改变。冰球比赛仍然时有举行，冰场上的冰车和当年孙才先自己捣鼓的冰车相比，粗糙程度也差不了太远；在今天的第一体育馆，50 年前把冰鞋租借给学生的窗口依旧在递出一双双冰鞋；未名湖冰场仍然由会滑冰的和不会滑冰的学生共享，有人扶着栏杆战战兢兢，也有人以利落的 T 形急停动作结束从一头到另一头的穿花掠影。还有每年稳定地有人掉进湖里，今年也不例外。

北大就要迎来她的 120 岁生日。未名湖冰场的寒光刀影将继续迎来又送往一批又一批充满笑声与热血的人们，就像这 90 余年里她一直做的那样。

燕园草木志：
看花情的百年迢递

中国语言文学系 2015 级本科生　　　陈雅芳

外国语学院 2015 级本科生　　　　　李毓琦

◀ 《燕园草木》：为草木作传 ▶

2011 年 7 月，113 周年校庆后的第二个月，《燕园草木》初版面世。

这本记录了校园内 185 种植物的书，其硬质封面上，北大西门的华表与秋季飘黄的银杏树似被笼罩在朦胧雾气中。书籍右侧留白处，"燕园草木"四字以繁体书法写就，俊逸灵动。在热爱草木的师生共同努力下，这本原打算献礼 2011 年校庆的书，虽迟到数月，但仍在一年内成功出版，完成与园中人的会面。

2008 年 10 月，刚刚卸任北京大学校长一职的许智宏回到北京大学生命科学学院（即生科院），老师们问他"不当校长了要做什么"。考虑到北大校园内植物种类繁多，一些外来游客和本校同学在辨认植物时经常出错，一些导游也只是乱讲，许智宏答，打算花一年时间去拍拍学校的植物，以后写一本书。

编一本与北大植物相关的书，这个念头在许智宏心中由来已久。在当校长的时候，他常要与许多其他大学的校长见面、互赠礼物。互赠的礼物多是些"老古董"，偶尔有国外大学将校园植物志等书作为礼物送给他时，他便十分欣喜。学植物学专业的他，自此便有了编一本与植物相关的图书的想法。

2010 年，许智宏偶然读到王立刚的散文《北大最美的十棵树》。王立刚的这篇散文，作于 2001 年的春夏之交，以极美的文艺笔法描述了园中的十种树。毕业于北大哲学系美学专业的他当时刚开始工作，一时兴起，便为母校写了这篇散文，贴在当时北大人常去的 BBS"一塌糊涂"上。随后，这篇被很多人喜欢的文章传得越来越广，被收入诸多有关北大的散文集中。

许智宏读到这篇文章时，恰值当年的校庆契机，生科院要编一本能够体现院系特色且和北大校庆主题相关的书，许智宏便自然而然地又一次动了编书的念头。他的想法一经提出，便和生科院的顾红雅教授一拍即合，她也早有记录下校园里有灵性的花草树木的想法。

作为主编之一，顾红雅负责此书具体的组织工作和团队建设。从想法到见书的过程中，存在着庞大而繁杂的工作任务：联系出版社、组织团队、确定体例、挑选植物、收集图片、撰写中英文介绍、摘选文艺性段落以及后期编排等。顾红雅一一落实了这些工作。

确认与北大出版社合作后，她很快邀请到在北大出版社工作的王立刚担任此书的责任编辑。在她的组织协调下，一个由热爱植物的师生们组成的团队迅速成立起来。他们设立了此书出版的最后期限（原定于2011年"五四"之前），整个团队便按时间轴和具体分工推进工作。作为编辑，王立刚感慨道，在有限的时间内，这样的工作量堪称庞大。

好在团队成员们手头上大都积攒着许多平常拍摄的园中草木的照片，省去了拍照这一准备环节。收集照片时，大家都把自己手头上的照片毫无保留地交付到顾红雅手中，汇总成果共一万八千多张。大家拍照的角度各不相同，例如，刘夙、刘华杰注重的是照片能否很好地反映出物种的特点，而张莹、魏丽萍则更多从美的角度着想。这恰好符合顾红雅挑选图片时的两大标准：一是要反映物种特点，二是要漂亮。此外，她还要考虑照片的背景能否反映出该植物在校园中的生长地点，尽可能多地包含由不同成员所拍摄的照片一类的问题，因而，在近两万张照片中挑选出书中所需的两百张，实非易事。

在统筹的最后阶段，顾红雅不仅要继续负责挑选照片的工作，还要为书中的植物撰写英文描述，那段时间里，

《燕园草木》部分作者合影，后排左三为顾红雅，左四为许智宏。

她几乎把所有的业余时间都用在了《燕园草木》的编纂工作上。

2011 年的整个春节，顾红雅几乎没有歇着。春节期间，得知《燕园草木》的编纂计划后，前生物系系主任顾孝诚也主动要求帮忙审核此书的英文部分。4 月，顾红雅前往泰国参与学生答辩，旅程目的地是曼谷，作为泰国的旅行胜地，曼谷有诸多美景可供游赏，泰方负责人很想带她参观一下，但当时离交稿只剩不到一个月了，念及书的编纂任务拖延不得，她以工作之由婉拒，将答辩之外的所有时间都用在苦赶书稿上。

在《燕园草木》的编纂过程中，经常有熬夜的时候。而今谈起出版过程中的这些困难，坐在办公室电脑桌前的顾红雅轻描淡写："大家就少睡点觉呗。"

团队成员们熬过的那些漫漫长夜，凝成每一株植物的图像和文字描绘，藏在书稿的每一页中。

将书稿交到顾孝诚手上后，顾红雅很快就得到了英文描述部分的回馈意见。回馈时，顾孝诚还说，《燕园草木》会"make the history"。时至今日，提及已故的顾孝诚先生的这一评价，顾红雅记忆犹新。她也因此对《燕园草木》这一被顾先生视为"会在校史上留下一笔的作品"更有信心，相信它能够赢得更多人的喜爱。

同为植物学领域的学者，当时邀请顾红雅参加论文答辩的泰国朱拉隆功大学老师在收到顾红雅赠送的《燕园草木》一书后，连称"worth it"，他们认为顾红雅花在宾馆赶稿的那些时间非常值得。中科院植物所的老先生翻看此书时，则对北大校园里竟有短尾铁线莲这一"颜值"不是那么高的北京本土植物颇有些惊讶。其实，《燕园草木》

精装本收录的185种校园物种中，除去一些栽培的观赏植物，像短尾铁线莲这样的北京本土物种也收录了不少。顾红雅提起，书中还收录了一种名为风花菜的本土物种，校内少见，基本上只长在较为湿润的地方。为了确保自己没说错风花菜的学名，顾红雅将她自采访始便搁在桌上的眼镜重新戴上，倾身从一旁的书架里抽出一本《燕园草木》，置于桌面上翻阅查证。

很多人翻阅过《燕园草木》之后，都夸书里的植物照片拍得好，有位外国友人还赞叹"拍照片的人肯定是特别热爱植物的人"。提及这些评价，几分钟前还在哀叹"选照片头疼"的顾红雅笑了起来，眉目舒展，她觉得这证明了她照片选得还不错。

不过，当时顾红雅手中的一些好照片也没来得及派上用场。外院门前那春天里花开极盛的西府海棠，后来同学们常问起书中怎么没有收录。顾红雅解释道，当时是有适合的照片的，但因海棠的种类很多，未及考证，便不敢贸然收入。许智宏也强调，《燕园草木》一书的编纂过程中，"不能把错误传下去"。迫于时间有限等种种因素，《燕园草木》考证后收录的185种植物，仅仅是燕园草木中的一部分。

在体例方面，《燕园草木》接近于一个科学指南，主要由植物的照片和物种的科学描述组成。同时，许智宏希望书中能够传递校园的灵气和师生们对植物的情感，这一希冀也是团队内众人的共识。因此，书中特地附有对草木进行文艺性描写的"小散文"，因散文笔调，字句之间更易显其用情。负责这一部分的王立刚搜寻了许多名家散文，如季羡林、宗璞等先生为燕园草木留下过不少笔墨。不过，仍有许多植物在文学作品中被遗忘，它们的"小散文"则交由团队成员自己撰写。

在"垂柳"的图片下，王立刚这样写道："北大里最早的勺园在清代有所谓'风烟里'的旧称。勺园湮灭已久，未名湖畔的株株垂柳仲春初夏之时，绿如烟霭，颇追自古之想。"

许智宏希望，若要做《燕园草木》续集的话，作为反映校园文化的"小散文"部分能够更多一些。《燕园草木》现有版本中，虽有"为植物作传"之意，但还远远不够。计划中的续集，将会是对现有版本品种完整性和文学性书写方面的扩充和完善。

秋雾笼罩下未名湖畔的垂柳。

◄ "看花"：草木情的迢递 ►

　　为《燕园草木》续集一事联系北大哲学系的教授刘华杰时，顾红雅方才得知，原来他早已做了"补"的工作。

　　植物是流动的，随着新品种的引进，校园里植物的种类亦在不断增加，素来爱好博物的刘华杰，早就有感于《燕园草木》品种之不足。为了满足更多植物爱好者看图识草木的实用要求，他以一己之力做了《燕园草木》的补充，于2015年出版《燕园草木补》一书，另外收录了校园里71科232种植物。为此，刘华杰带着相机重新普查校园内植物，过程中，他时不时发现校园中的植物"又多了一种，又多了一种"。

　　刘华杰的相机里多是植物的照片，拍摄植物已成为他日常生活的一部分，书中照片均是他的作品。"哪怕同一株植物的照片都拍过很多次了，但是每年它开花时，还是会忍不住再去拍几张。"到国外访学时，他也不会错过到野外考察和拍摄的机会，办公室的墙上贴满了他访学期间在夏威夷的山林里所拍摄的植物照片，色彩斑斓，有如自然的拼贴画。

春花似雨挂檐下。

自小长于东北山沟之间的刘华杰，对植物有天然的亲近之感，父亲的一本《赤脚医生手册》是他辨识植物的开始。留校任教后，他得以将更多的时间花在植物身上，钻进历史悠久的博物学研究，自编一言"浮生常博物，记得去看花"。那份草木之情潜于日常生活之中，在一次又一次"忍不住"的观察和记录中逐渐加深。

在刘华杰看来，"看花"和睡觉一样，"是人的一种存在方式"。草木之美，飘摇于数百年的历史风雨之中。草木镌刻着园子里无字的历史，也承接着园中人的怜护之情，它们恒常地长在这园子里，恒常地美着。对园中人而言，"看花"一事，亦是自师到生的代代延续。

《燕园草木》的顾问汪劲武教授，被顾红雅称为"校园植物的活字典"。老先生现已八十多岁，常骑着永久牌自行车在学校里转悠，在校园里发现哪株植物开花结果，抑或是找到一个新品种时，仍会兴致勃勃地喊其他人去看。许智宏当年读植物学本科时，汪劲武曾负责教授他们的实践课，那时他就常常领着学生们在校园里漫步，学习植物分类知识。

顾红雅常随身带着相机，就是为了随时可以拍植物。她生长在扬州一个大学校园中，自小对校园的花草很有感情，本科时又出于种种因缘巧合，被调剂到了生物系植物专业。自幼时的浸染到专业的延续，于草木，她"一直喜欢到了现在"。梧桐树是她的家乡扬州常见的树，她在校园里拍照时偶然看见，格外喜欢。有时，她还会在照片里发现一些有意思的"小客人"，花蟹蛛便是其中一种随着所栖息花的颜色不同具有不同体色的蜘蛛。授课时，为使同学们觉得亲切，她会使用一些自己拍摄的图片。每每课后有同学告诉她，现在走路时会多看看身边那些之前被忽视的植物，她便感到十分欣慰。

刘华杰在自己开设的"博物学导论"这门通选课上，也常领着学生在燕园中辨识各种草木。在2015年出版的《一九〇六：英伦乡野手记》的后记中，译者刘紫云这样回忆起自己六年前和此书的编辑莫晓敏一起选修"博物学

办公室里的刘华杰，右手拿的是巴厘岛捡回来的水椰。

导论"的经历："我们曾深入到鸣鹤园深处的芦苇丛中，也曾匍匐在长着点地梅的草地上，寻找春天的秘密。"刘紫云戏称，从选题策划到翻译，这部博物学作品中译本的出版，是他们集体合作完成的博物学"作业"。采访时，这一得意门生的"作业"，被摆在刘华杰办公室里摞起的书堆上方。

燕园这片土壤中，从来不乏致力于用自己的笔墨记录她的草木之美的传承者。2015 年 3 月 8 日，公众号"燕园每日话题"上开辟了一个名为"草木志"的新栏目，专栏作者鄂虹是北大中文系的博士生。至 2016 年，她已写了二十多篇"草木志"。

和科普式的写作不同，鄂虹笔下的草木多染古风文气。她按花期写花，怀揣简单寄寓——"希望更多人走出去看看花"。这样的写作方式，使得"看花"一事于她添了几分特别，平日里在园中赏花时，她总有一种拜访旧相识之感："去年这个季节写了她，她今年这个时候是不是已经开了？"

当年顾红雅编书时一直希望，《燕园草木》这本书不光要放在书架上，还要帮助人们去认识植物。鄂虹对于园中草木花事的了解，正是从一本《燕园草木》和一个微单开始的。大四保研之后的空闲时间里,凭借着此二物,她开始自己去认植物、拍照。

在对植物的辨识、拍摄和书写中,《燕园草木》书里所藏进的园中人对园中草木的热爱,得以在鄢虹的"草木志"里迢递。

正在拍摄植物的鄢虹。

◆ 北大人的后花园 ◆

"28 楼周围的杨树被砍了。靠北的那一面被砍了七棵，我数了两遍。"

2015 年 12 月，鄢虹在为杨树写的草木志的开头这样写道。时值 28 楼拆迁，自入学以来鄢红每天都会从那些杨树底下经过，当天，见路旁的杨树都被砍了，数着路旁突兀树桩的她，一下就懵了。

校园建设之中，确会造成一些植物的消逝，或有幸被笔墨铭记，或无声无息。顾红雅读博士后时，学校里的三棵梧桐树，其中两棵已经被挖去。提及此，她的语气中不无惋惜，"现在很可惜就那么一棵"。

对草木的逝去，大家亦颇有感触。在《北大最美的十棵树》中，王立刚写的第一种树，便是三角地那已经消逝了的柿子林。许智宏还在北大读书的时候，这些柿子树长得还不高，他每天吃饭都会经过这片树林。到夏天北京的西红柿上市时，柿子树下常有摆摊贩卖，同学们拿着洗脸盆，五毛钱便能买到一盆，而这些如今已不复存在了。

为免植物的逝去之殇，刘华杰偶尔会行些"犯规"之事。静园四院中有株特别漂亮的山桃，刘华杰曾用这棵山桃的果子在自己的园中繁育了一堆小苗，后来这株山桃因年老、树干被虫蛀而死去，刘华杰便从自己的院子里拔了几棵栽回到四院里；第二年，他栽下的那三株山桃便都开了花，较往年只有一株山桃时还显得更盛些。但他也强调，这棵山桃是四院原先就有的物种，其他时候，种树一事还是应由园林部门统一规划。

那些能够继续以年轮镌刻历史的四院里的山桃是幸运的，而如今的春日里，仍能看见四院里摇曳升起的粉色春意的我们，更是幸运的。

"北大的编年，若只能写在书上，终是死的；若能写进树的年轮里，将永远是活的。"在《北大最美的十棵树》中，王立刚以此句收尾。

自明朝米万钟营造勺园算起，直至如今，燕园校址已有四百多年的历史。其间人事多番更迭，唯草木花卉代复一代，繁衍生息。

在《燕园的植物》一文中，汪劲武列出了园中许多上了岁数的古树，如学一食堂南侧两株槐树、西门的银杏树、临湖轩南草坪上的两株白皮松等。那白皮松已经是和珅时期的风物，文中如是写道："这几棵松树，三百年来历

已逝的 28 楼旁的杨树。

经浩劫，依然苍劲蓊郁，那曾经飘落在康熙、乾隆肩上的松针如今依然飘落在我们肩上。"

从私家园林、皇家园林、王公宅邸到大学校址，这个园子一直承袭着最初的园林建设，在几百年的演变当中，仍有许多古树得以保存。

据调查，全校共有古树 1096 棵，约占乔木总数的

9.1%，每一棵古树都有一块自己的"身份证"。身份证分红绿两色，红签的是超过三百年历史的，绿签的则是超过一百年历史的。身份证上还有编号，海淀区古树的编号前六位都是110108，后再接五位数。北大校内的古树中，既有编号是11010800001的，也有排在11010814000以后的；整个海淀区总共一万四千多棵古树，因而可以推断，海淀区古树的编号，是始于北大，又终于北大的。顾红雅偶然发现此事时，不由得猜想，也许是北京园林局负责此事的工作人员与北大有着某种渊源，才特地制造了这样的巧合。

北大校园里，不只古树会挂着"身份证"，有些树上也挂着二维码，用手机扫码之后便可以看到该植物的信息。这些信息来自生科院的师生们依照《燕园草木》所制作的数据库，此项工作是2015年生科院建系90周年时的"献礼"，顾红雅称，以后还会利用新的技术手段继续这方面的工作，建立一个更为全面的数据库。

在信息网络高速发展的今天，刘华杰认为，校园里成立一个由师生们组成的民间"植物委员会"是必要的。提供图片、GPS坐标，甚至在谷歌地图上标出每一株树的具体位置……诸多与植物相关的工作，都可以交由这一委员会完成。

　　除了反映校园植物物种信息的数据库之外，以"校园植物志"的方式对植物进行连续记录或许更为重要。刘华杰提到，对个人而言，当年在哪个树荫下读书、喝酒、打牌、复习，又或是在哪棵树下谈过恋爱，涉及非常重要的个人记忆。一部校史不光是人的历史，也是其风物的历史，因而植物的地址变迁、物种的引进与消逝等，均需在文字上有所交代。毕竟，北大校园就像北大人自己的后花园，对自己后花园里的花，需要给予更多的关照和记录。

　　然而，一个事实是，现在的园林化建设，并未掌握好野性与人为的平衡，常常忽视一些本土的、原生态的植物，而过分地追求一些栽培的、园艺的物种。《燕园草木补》中，刘华杰指出草木与育人也是相关的，北大校园中人们对待植物的态度也反映教书育人的态度。刘华杰甚至提出了几条校园建设中植物的引进原则，他认为，校园建设的背后，体现的是管理者是否尊重植物，尊重对植物有记忆的人的感觉、感情的问题。

　　"每一种植物都是有作用的。"许智宏最后总结道。草木如此，人也是这样。他打了个贴切的比方：每个学生到了北大，都是一颗不同植物的种子；老师与其说是灵魂的

湖光塔影荷韵。

工程师，不如说是种子的园丁，在改造大学这个土壤的过程中，使得这些种子成长，各得其所。

在校园建设层面，许智宏曾在一次演讲中提出，比起revolution（革命），学校治理更应该是evolution（演化）；校园里的新变与传承应该结合起来。在他们这群植物爱好者看来，校园的园林化建设，人工的修饰是必要的，但还应顾虑到植物的多样性等多个方面；学校里可以有草坪，但像野草野花这种反映季节演替的原生态物种也应适当保存。值得注意的是，植物的引进是需要做功课的，很多非本土的物种需要先在温室里"练苗"，让它慢慢地适应北京的天气，才能更加苗壮地成长。

此外，许智宏还强调，在校园管理方面，应多听听植物学家的建议。校园环境是人才培养工作的重要环节，校园管理能够反映出对待植物生命、对待园中师生、对待校园的态度和价值追求。

"北大虽然没有植物园，但北大自己就是个植物园。"办公室里，鬓发苍白的许智宏爽朗地笑开。他戴着银边眼镜，条纹衬衫扎进西裤中，是平常工作时的模样。

从生科院楼走出，再走一会儿，便可以看见南门内道旁那两排树荫浓密的槐树，泼洒下一路斑驳的光影。担任校长期间，许智宏于此迎接了许多届入学报到的学子，而这两排槐树，不知道见证了多少学子的入学和离别。

草木有灵，多少年来，园中的一草一木，同这园子，同来来去去的园中人，共同生长。

现今，槐叶葱茏，有风吹过时，绿色便在头顶轻轻流动。今年的夏天，在草木之绿中，悄悄降临。

北大与高考：
卅载荏苒，未完待续

艺术学院 2013 级本科生　　　　　李梦涵

中国语言文学系 2014 级本科生　　　吉　淳

"尽管我们不得不遗憾地告诉你，你未能通过本次自主招生选拔。然而请你相信，这是一个无关成败的结果判定。"

"我们依然珍视你对北大的向往和热爱，在你的身上，依然有我们看重的执着和自信，而它比这次选拔的结果更能决定你的未来。"

2017年春，北京大学招生办公室在公布自主招生初审结果的同时，给初审未通过的考生发出了这样一封言辞恳

北京大学。

切的"安抚信"。文字内容一经发布，便在网络上引发热烈的反响。许多媒体、家长和考生都赞扬，北大对自招落选考生的真诚态度和人文关怀令人动容。

在北大，面向高中毕业生的自主招生选拔已经探索了14年。自1977年国家恢复高考以来的40年里，这只是北大在高考招生工作的探索中一个阶段的缩影。册载春秋荏苒，北大与高考的故事，在时代改革的浪潮中，未完待续。

◀ 回望1977：恢复高考 ▶

1977年8月，邓小平主持召开科学和教育工作座谈会，决定当年恢复高考。时近入学季，不少人担心高考招生工作来不及展开，干脆决定将当年的考试招生推至冬季，于是便有了一场空前绝后的寒冬高考。

改变命运的机会倏然而至，"文化大革命"十年积压下来的570多万青年男女踊跃报考，怀揣着希望从车间工厂、田间地头、边塞军营走进全国各省市考场。最终，这场暌违已久、万众期盼的高考开始于11月28日，结束于

12 月 25 日，历时近一个月。考试由各省单独命题，分文、理两大类，文科类考政治、语文、数学、史地；理科类考政治、语文、数学、理化，各科满分均为 100 分。

虽然这次高考最终录取人数不足 28 万，但这一批青年的命运彻底被改变了。

最终，从高考中脱颖而出的 1977 级学生于 1978 年春天入学，1978 级学生则于当年秋天入学，两次招生仅相隔半年；而 1977 年冬和 1978 年夏的中国，则迎来了规模空前的两场考试，报考总人数达到 1160 万人——这也成为中国现代高等教育史上最值得铭记的大事件。

于是，1978 年春天的未名湖畔，迎来了北大校史上最为特别的一届学生。

1977 级这一批学生的年龄差距，几乎跨越了两代人。

在黄子平的记忆里，中文系 1977 级班主任张剑福召集的第一次班会上，最非比寻常的就是同学们的年龄差异：班上年纪最小的同学 18 岁，而最年长的已经 31 岁了。

这些同学中，有的还是青涩少年，有的刚为人父母，有的孩子已经上了小学：他们却在命运罗盘的操控下于同一年进入了北大。

经历了"文化大革命"十年教育的荒废和凋零，这些来自大江南北的学生，无论年纪大小，都格外珍惜这来之不易的、如梦一般的学习机会。那时的北大校园，在未名湖边的石堤、图书馆前的草坪、教学楼旁、山坡树林，到处都是如饥似渴地学习的同学，他们赶往教室上课，赶往图书馆读书，"排着长长的队伍买中外名著，跑到老远老远的地方看重新放映的中外电影"，像海绵一般汲取着知识。

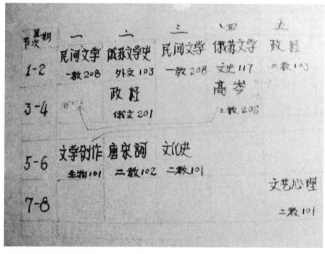

1980 年中文系课程表。

中国语言文学系 1977 级校友岑献青至今仍记得，同宿舍的一位女生，每天早晨四五点钟就起床，搬一张凳子在楼道里读书，读外语、背史料、看各类教科书。中文系孙玉石教授回忆，1980 年他为学生们开设"中国新诗流派"的专题课，第一次去上课，一教的教室里已经坐满了人，外面还拥挤着许多学生无法进去，他请管理教室的工人把进门右侧大一点的教室打开，在走廊里等候的学生们马上蜂拥而至，把教室门上的玻璃都挤碎了。

经历十年的曲折混乱，终于拨云见日。学生们学习的热情高涨，北大的老师们也在百废待兴的现状下开始了教学的重建。师生们经历患难后的重逢，格外让人珍惜。教的人和学的人，都迸发出无与伦比的热情，师生间的关系和谐融洽。

岑献青至今还记得，中国语言文学系教授袁行霈先生上课时曾经很动情地对学生们说："我真喜欢给你们上课，当我站在讲台上时，觉得我就像一个交响乐团的指挥，凡是在我觉得应该有反应的地方，你们都会发出会心的微笑，这种感觉真是太好了。"

中国语言文学系教授谢冕先生在"文化大革命"前是一位刚留校任教的青年教师，"文化大革命"使北大的教学事业戛然而止，对他而言，恢复高考和1977级学生的到来意味着教学生涯一个巨大的惊喜和转折点。

三年后的1981年，1977级的学生开始面临毕业后选择工作还是继续读研究生的问题。也是在这一年，教育部决定在志愿报考留学研究生的人中间选派一批学生，于1982年陆续公派出国，这是改革开放后国家第一次向海外大规模选派留学生。

北大法律学系1977级有7位同学幸运地通过了选拔，谢思敏就是其中的一员，被派往日本神户大学攻读国际私法专业的博士学位。1982年春夏，教育部在大连设立日语培训部，为这一批公派日本的研究生进行语言培训。这期间，谢思敏曾向法律学系1977级的同班同学、时任北大团委书记的李克强写信，交流赴日准备事宜，李克强在回信中勉励他：

"我们的老一代人去国离家，绝不是为了捞个牌子，讨来学位，确实是为了寻求真理。我们这一代人如果不能具备这样的素质，那就太可悲了。"

◀ 从80年代到90年代：改革进行时 ▶

高考制度得到了恢复，但并非一劳永逸。从80年代到90年代，高考改革的脚步没有停歇。由于恢复高考不久，这时的高考制度亟待解决"考什么"和"怎么考"的问题。考试内容改革是高考招生制度改革的重点，也是难点所在。

1977年恢复高考后，考试的内容和形式仍沿用了"文化大革命"之前的模式。随着时间的推移，其缺陷越来越明显，原有文化考试本身的科学性、公正性问题也越来越引起人们的关注。为此，各省市的命题在"科目"和"题目"的形式上，做了各种各样的探索。例如，外语成绩从最初的以30%的比例计入总分，到1982年以70%的比例计入总分，再到1983年才确定按100%计入总分。

1992年，国家教委确立了一套"3+2"的高考方案，文科倾向的专业要求考语文、数学、历史、政治、外语，理科倾向的专业要求考语文、数学、物理、化学、外语。90年代末期，教育部又提出"3+X"的科目设置方案，即语文、数学、外语为必考科目，高校再从物理、化学、生物、政治、历史、地理六个科目或综合科目中，自行确定一门或几门考试科目，考生根据自己所报的高校志愿，参加专业所确定科目的考试。

在这一段时间的高考改革中，文理分科或由偏科导致的中学生知识结构不完整现象曾引发激烈的讨论，教育部为此曾推出高中毕业会考等方案。其时北大作为高校，在高考内容设置和命题上虽无较多话语权，但通过高考选拔出的佼佼者进入北大后，却在北大综合性的学科背景和兼容并包的教学理念下得到了充分的滋养。

地球物理系1992级学生姚绍俊回忆，由于高中时期对大学学科无甚了解，进入北大才发现所学专业并不是自己理想的专业。但就在这一年，北大决定从各理科系挑选一批优秀学生进入学校专门举办的理学试验班，广泛学习数理化天地生等各方面的理学知识，并加强英语和计算机水平。姚绍俊为之一振，全身心地投入准备理学试验班的选拔考试，并幸运地被录取。除此之外，为了弥补中学理科学习所欠缺的人文素养，建立合理的知识结构，他除了学习本系和理学试验班的课程外，还经常到图书馆阅读哲学、历史、文学、法律、管理等文科类书籍。性格活跃的他此后还担任系里的学生会主席，并成为北大校刊的记

80年代的北大明信片。

者，四年里与北大绝大多数的学生社团包括山鹰社、爱心社打过交道，写过各种各样的报道和新闻。

1997年毕业后，理学出身的姚绍俊，进入了外交部工作。姚绍俊至今仍记得，脱离中学的考试、学习，经过高考的激烈竞争进入北大后，自己才更加讶异于北大为学生提供的充分自由，既包括转专业、转系、辅修、双学位，还有丰富的社团活动和社会工作。

中文系1995级文学专业的王润同样如此，入校第一年她与其他文科专业学生一样，被安排到昌平园学习，在其时北大戏剧社昌平园分社社长邵泽辉的鼓励下，王润加入了剧社。1996年秋回到燕园，王润与邵泽辉一同成为北大剧社的骨干成员，并和剧社的其他同学一起，写剧本、排练、表演，先后排演了许多剧目，还一起选修"西方现代艺术史"等课程，一起听音乐会、看话剧，建立了深厚的友谊。王润回忆一次剧社伙伴在小南门外的饭馆聚会，大家喝酒吃菜，笑笑闹闹，撒贝宁举杯高喊"演戏演戏我们就是要演戏"，孔兵杰小声嘀咕"要问为什么就去查查《十万个为什么》"，王润则几杯酒下肚，不知为何抱着茶壶哭成泪人。

王润当时也没有想到，就在这一批北大剧社的活跃成员中间，诞生了此后文艺领域的知名人士。邵泽辉 1999 年从信息管理系毕业，进入中央戏剧学院攻读导演学硕士，后来成为知名话剧导演。而法律学系毕业的撒贝宁，则进入中央电视台主持《今日说法》，成为知名主持人。

从 80 年代到 90 年代，历经二十年的高考招生和探索，北大通过高考招收选拔的学生，却不仅仅是应试教育的成功者，在综合素质方面也展现了得天独厚的优势。或许恰恰是这种活跃自由、兼容并包的气氛，为此后北大面向高考的自主招生奠定了良好的基础。

◀ 2003 年：开启自主招生改革大幕 ▶

1998 年 5 月 4 日，时任国家主席江泽民在庆祝北大建校 100 周年大会上首次提出，"我国要有若干所具有世界先进水平的一流大学"。一年后，国务院批转教育部文件《面向 21 世纪教育振兴行动计划》，正式启动建设"985 工程"，一期建设率先于北京大学和清华大学实施。此后，北大确立了自身在世界一流大学建设中的优势，在面向高考招生时也拥有了更多的主动权。

2003 年，国家开始推行自主招生政策。这一年春季，在教育部的统一部署下，部分高校开始进行自主选拔录取的改革试点工作，即在高考统一招生之外，每所高校拿出本科招生计划数的 5%，作为自主选拔录取的份额。而北大，成为第一批试点工作的高校之一。

此后，对于自主招生的工作，北大做了许多探索。教育学院的研究员秦春华特别提到，在全国的高校中，北大最早借鉴香港地区的做法，在自主招生选拔中加入了面试环节，采用无领导小组的方式，让考生们围绕一个话题展开自由的讨论；在讨论过程中，面试官能够充分考评学生们的知识素养、思维方式、表达能力、团队精神等。这一模式也被全国其他高校的自主招生选拔广泛借鉴。在自主招生的初审阶段，综合素质考察是北大选拔人才的重要依据，2011 年北大招生办公室曾向全国部分中学发放了《优秀中学生素质养成手册》，记录学生的日常生活和想法，以此作为自主选拔录取材料审核的依据之一。实际上，《优秀中学生素质养成手册》就是学生的综合素质评价。

经过十几年的摸索，如今北大针对高考招生展开的自主选拔主要有四种方式：一种是针对学科特长的自主招生；一种是选拔成绩优异、素质全面的学生的博雅计划；

2012 年自主招生考试。

一种是针对农村学生的"筑梦计划";一种是在浙江这个高考改革试点省份实行的"三位一体"招生。

秦春华认为,北大过去十几年对于自主招生的探索是很有意义的。自主选拔在一定程度上解决了高考招生的僵化问题。一些考生平时成绩优异,综合素质突出,但高考时却可能由于某些偶然的因素发挥失常;北大通过自主招生,选拔自己所认可的人才,是对高考制度的一种补充。秦春华仍记得,2011年,来自江苏一所知名中学的小天,成绩优异且素质全面,通过校长推荐进入北大,虽然在高考中并没有发挥出色,但在北大学习的四年里表现依然十

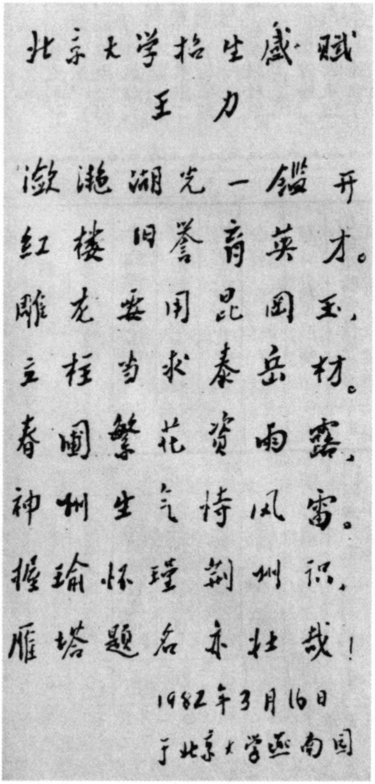

北京大学招生感赋

王力

潋滟湖光一鉴开

红楼旧誉育英才。

雕龙要用昆冈玉，

立柱当求泰岳材。

春圃繁花资雨露，

神州生气恃风雷。

握瑜怀瑾荆州识，

雁塔题名亦壮哉！

1982年3月16日

于北京大学燕南园

王力教授所作《北京大学招生感赋》。

分突出，毕业后如愿被美国排名前十的顶尖大学录取，继续攻读研究生。

如果说高考制度选拔的是应试教育的佼佼者，那么以高校为主体的自主招生，能够更多体现出高校自身对人才的需求，体现一种应试之外的"人文精神"和"素质教育理念"。正因如此，2017年春，北大招生办公室在公布自主招生初审结果的同时，也给初审未通过的考生发了一封言辞恳切的信：

"我们必须承认，我们还不够完美：你正为你的梦想付出血汗和眼泪，而我们也正在不断打磨自己的人才评价体系与选拔机制——多维量才，多元选才，多渠纳才。"

2014年9月，国务院颁布《关于深化考试招生制度的实施意见》，表明将继续深入推进高考制度的改革，更加注重学生的综合素质评价。这一理念与北大选拔人才的理念与机制是如出一辙的。在时代改革的滚滚浪潮中，北大与高考的故事未完待续。

注：特别感谢秦春华老师。

百廿之歌

沙特国王图书馆北大分馆：
中沙文化的汇聚与交融

新闻与传播学院 2016 级硕士生　　　闫　皓

元培学院 2015 级本科生　　　　　　付紫璇

◀ "国之交在于民相亲，民相亲在于心相通。" ▶

　　外观承袭了北京大学建筑一贯的中式风格，内部是鲜活明丽的色彩搭配和极具阿拉伯风情的装潢设计，这就是阿卜杜勒·阿齐兹沙特国王公共图书馆北京大学分馆暨北京大学古籍图书馆（以下简称沙特国王图书馆北大分馆）。

沙特国王图书馆北大分馆外景。

沙特国王图书馆北大分馆内景。

2017年3月17日下午，正在访华的沙特阿拉伯国王萨勒曼·本·阿卜杜勒·阿齐兹来到北京大学，亲自为沙特国王图书馆北大分馆揭牌。这个承载着中沙人文交流十年之约的重要项目取得了阶段性成果。

步入沙特国王图书馆北大分馆，便仿佛瞬间从碧瓦朱檐的中国古城穿越到了《一千零一夜》的异域童话王国；

萨勒曼国王陛下、教育部朱之文副部长、北京大学郝平书记、林建华校长等出席揭牌仪式。

而当你左手怀抱着装帧精美的阿拉伯书籍，右手在泛黄的中国古籍保存本上滑过时，便能感受到那文化共鸣的力量。很多人好奇，中沙双方缘何选择在北京大学建设该图书馆？这要从沙特与北京大学十年前的奇妙缘分说起。

◀ 中沙的"十年之约" ▶

阿卜杜勒·阿齐兹国王是沙特阿拉伯的开国国王,以其名字命名的非营利公共图书馆在沙特占有相当重要的地位。早在 2006 年,沙特阿卜杜勒国王在对中国进行国事访问期间便已提出在中国建设图书馆分馆的设想;三年后,时任国家主席胡锦涛出访沙特阿拉伯期间,两国签订了中沙五项合作协议,其一便是在北京大学成立该图书馆

沙特国王图书馆北大分馆正门。

分馆的谅解备忘录；2012 年，时任总理温家宝访问沙特，与沙特签订相关执行协议；2015 年，阿卜杜勒·阿齐兹国王图书馆北大分馆奠基仪式举行；2016 年 2 月正式投入建设。

因此，这个寄托了中沙两国人文交流愿景的图书馆分馆，从提出动议到最终落成，经历了十年。十年间，中沙两国快速发展，两国的关系经历着变动和调整，北京大学将一批又一批的学子送到世界各地，图书馆却作为不变的线索，将沙特、中国、北京大学紧密地联系在一起。

◀ 为何选址在北京大学 ▶

起初，沙特图书馆的选址并不在北大。缘分发生于沙特阿卜杜勒国王的文化顾问访华时，经朋友推荐来到北京大学进行常规学术讲座和交流。据北京大学外语学院副院长、阿拉伯语教授付志明老师回忆，当时北大阿拉伯语系的学生在认真聆听顾问用母语完成的讲座之后，十分积极热情地用流利的阿拉伯语与顾问讨论问题、交流想法，以至于原定一个半小时的讲座延长至两个半小时，顾问的随

沙特国王图书馆北大分馆内景。

行人员形容："顾问紧锁的眉头终于在他来到中国后第一次舒展开来了。"

北京大学阿拉伯语系始建于1946年，是中国高校建立最早的阿拉伯语专业。其培养出的阿拉伯语人才已经成为全国高校阿拉伯语教育与阿拉伯文化研究的中坚力量，与沙特的学术交流合作也从未间断。扎实的学科基础，丰厚的学术底蕴，优秀的研究团队，北京大学阿拉伯语专业的实力在与沙特国王文化顾问的交流中展现出来，北京大学学生的魅力也深深吸引了他。沙特国王图书馆副总监载德博士说："北大是中国最著名、最古老的大学，也是中国的国立大学。它不仅在中国闻名遐迩，而且在全亚洲乃至世界范围内都享有盛名。"

而北京大学图书馆以"兼收并

沙特国王图书馆北大分馆内景。

蓄，传承文明，创新服务，和谐发展"为宗旨，致力于为世界各国、各种族提供文化交流的空间，促进世界文化的传承与发展；同时北大图书馆也长期面临着书籍日益增多而空间不足的问题。因此，经过中沙双方的权衡与协商，最终确认沙特国王图书馆分馆选址北大，并确认在沙特国王图书馆分馆的基础上建设全新的北京大学古籍图书馆，二馆合一，从而推进两国学者的深入交流，创造两个文明的汇集点。

◀ 中沙文明的"汇集点" ▶

沙特国王图书馆北大分馆总建筑面积达 1.3 万平方米，共分六层。其中地下一层至地上二层作为沙特馆，配有阅览室、报告厅、展览厅等公共空间，主要用于 30 余万册沙特纸质图书的展示和世界性文化交流活动的承办；地下二层、三层以及地上二层、三层则作为古籍图书馆，用于存放、管理、编目和修缮北大图书馆现存的 150 万册古籍文献。基于文物保护区建筑高度的限制，该图书馆着重开发地下资源来扩充北京大学的存书空间，同时注重提高管理人员的工作空间质量，将古籍修缮的工作间由主图书馆的地下搬至古籍分馆的地上。目前，由沙方与北大各4人组成理事会决策图书馆重要事务，轮流任职理事长，而图书馆馆长和秘书长则由北京大学任命并管理日常工作。

据悉，图书馆内的图书、活动将不仅面向阿拉伯语系的师生，更欢迎所有的阿拉伯文化爱好者前来体验。未来，沙特国王图书馆北大分馆还将与中国国家图书馆实现馆际互借，为更多中国民众提供阅读资源；同时，以图书馆为常驻地，中国也将接纳更多的沙特学者前来访学，实现文化的双向交流。

◀ 对视，才能走近与了解 ▶

绵延千年的古丝绸之路，不仅汇集了亚非欧三大洲的经贸往来和人员流动，也为不同文明交流提供了充足的物料和广阔的平台。它们在这条路上碰撞、交融，留下了世界人民友好和谐的盛世景象，留下了异彩纷呈的精神硕果。

"对视，才能走近彼此，增进了解。"20世纪，北京大学阿拉伯语系的创建者马坚教授翻译的《古兰经》在沙特出版了中阿双语对照版本；2011 年，北大阿拉伯语系教授仲跻昆先生获得第四届沙特阿卜杜勒国王世界翻译奖。在新时代共建"一带一路"的背景下，在"沙特 2030 愿景"的促成中，中沙双方离不开政治互信与经济融合，更离不开人文交流。

而沙特国王图书馆北大分馆作为中沙人文交流的重要项目，将沙特书籍与中国古籍汇集于一处，将阿拉伯学者与中国学者聚集于一堂，为中沙文化的碰撞创造了一个最为直接的对视场域。在感官的刺激中，在思想灵魂的碰撞中，人们通过语言符号彼此认识，不戴任何有色眼镜地互相问好，继而培养默契，展开更为深入的互动，最终实现心灵的交流。

因此，图书馆之于北大，沙特国王图书馆之于中沙，绝不仅是藏书、借书、读书而已。如载德副总监所言："这座图书馆旨在促进中国同阿拉伯世界间的文化与学术关系，它是根植于中阿文明和文化之间的沟通桥梁。"

3 月中旬，沙特国王图书馆北大分馆的第一批 2.4 万册图书已经陆续从位于沙特的总馆空运到北大。未来，更多的书籍将会存放于这个文明融合的空间，更多的"一带

沙特国王图书馆北大分馆藏书区。

一路"国家学者将走进北大，更多的交流合作平台将被搭建，更多的国际合作项目将走入我们的视野。

萨勒曼国王陛下在揭牌仪式上表示，作为中国传播文化知识的中心，北京大学即将迎来 120 周年校庆，希望北京大学分馆能成为沙中两国的文化见证。

让我们期待以沙特国王图书馆北大分馆为起点，中国与"一带一路"国家的人文交流拥有更加广阔的前景。

注：特别感谢外国语学院阿拉伯语系 2013 级本科生肖意达的翻译工作，以及北京大学外国语学院付志明教授、北京大学国际合作部崔喆老师提供的照片。

百廿之歌

楼长的故事

新闻与传播学院 2015 级本科生　　　　　舒卜粉

中国语言文学系 2013 级本科生　　　高竞闻（漫画）

中国语言文学系 2013 级本科生　　　　　刘　东

2015 年毕业生毕业时，楼道中此起彼伏的行李箱嘎吱声现在还留在 37 楼楼长陈宁的脑海里。陈宁说："那嘎嘎吱吱的声音在我的窗前停下，她们站在窗口望着我说：'阿姨，让我再看你一眼。'"

手绘创作《再看一眼》。

2015 年是陈宁在北大待的第五个年头。在退休来到北大前，她长期担任会计工作。

1987 年 7 月开始，楼长管理责任制在北大已经走过了 30 年的历史。30 年中，先后有 100 多位楼长在北大履职，经历着与陈宁类似的迎来送往。

1997 年之前的楼长，大多是从解放军总参三部、军事科学院、国防大学及本校中聘任的离退休老干部，他们不只简单地看管洒扫，还面临着公共卫生环境差、信件汇款送达不及时、商贩随意进出推销、毕业丢失财务现象重等一系列具体而烦琐的问题。对于这批人而言，当上楼长，就意味着在花甲之年又走上战场，开始了一场新的"战役"。

1997 年，楼长制度走过了十年，新老人员交替，北大楼长群体的人员组成也随之更为丰富。迄今为止，楼长已经不仅是一份工作，他们对学生持之以恒的关心作为某种精神也得以存留。时至今日，我们依旧能从这些楼长讲述的故事中，唤回那份温情。

◀ 楼里的那些爱情与友情，一不小心便成了"干妈" ▶

"这个是小肖，她男朋友和我特熟。"高丽影楼长指着照片中那个面容青涩的女孩说，"小肖的男朋友每次在宿舍楼下等她的时候，就和我聊天，久而久之，我知道了他俩之间好多事情。后来两人一起去了德国。"阿姨眼睛眯着，思绪飘向了远方。"那时候常有男生来给女生送早点，女生还没起床，他们就寄放在楼长室，我常和他们开玩笑说：'凉了我可不管啊！'"

每个大学里，如春天的草木般繁茂生长的，是男生女生之间的爱情。年老的楼长是楼里楼外无数段感情的见证，有时替青春洋溢的孩子们高兴，有时又有点哭笑不得。高丽影说："当时有两个同学搞对象，后来女孩不愿意，要分手，男孩不仅在宿舍楼外纠缠，还穿了一件帽衫，把帽子戴上，打扮得跟女生似的，想偷偷溜进楼去，结果被我给发现了。我叫他站住，但他噔噔噔就往楼上跑，这下我急了，追上一把把他拽住，帽子拉下来，原形毕露。那女孩偷偷跟我说，'我就是不想见他'。结果到晚上码车的时候，她的自行车被人用锁锁上了，我跟她说，肯定是那男

手绘创作《男朋友》。

孩干的，明天让他把钥匙送到楼长室来。"坐在女生楼的门口，高丽影最挂心的就是这些女孩的安全，已经自觉不自觉地把自己当作一个守护者。

对于有些楼长来说，除了守护，她们还要操更多的心，手捧玫瑰花站在楼下的男生她们可以不管，可一旦发现有人要损害女生的利益，她们就必须管上一管。

"要是有人欺负我楼里的孩子，我第一个冲出去！"陈宁楼长说这句话的时候，没有丝毫的犹豫。"上一届有

手绘创作《楼妈威武》。

同学凌晨三点从外面回来，在宿舍楼门口遇到猥琐大叔，当时我听到声音，穿着睡衣，抄起一把铁锹就跑了出去，可惜刚要拍下去，他就跑了……"

曾经的北大学生江宁在《我的北大笑史》一书中也写道："我有一个朋友，以男性身份做了学生会女生部部长，

手绘创作《纠缠与玫瑰》。

手绘创作《女生部部长》。

手下有若干女生。他经常跑到我们楼来找女生，几乎就要把楼长阿姨认作干妈了。有一天，'干妈'实在是忍不住，就对他说：'你能不能专心一些呢，我看你每次找的女生都不一样，这样不太好。'"

爱情以外，还有友情。

2005 年的毕业生，有个宿舍因为床位问题大打出手，其中一个同学的眼镜被打碎了。她们来找楼长时还争吵不休，各有各的说法。高丽影楼长采取"冷处理"的办法，

手绘创作《和解》。

让她们各自回去冷静思考自己失礼的地方。"马上就要毕业了还闹得这么不愉快，实在太可惜了，若干年后想起来肯定会后悔的。"在高楼长的劝说下，打架的一方先道歉，宿舍里四人冰释前嫌。毕业时，她们每个人给高楼长写了一张贺卡，为这段保存下来的友情，向她表示感谢。

◀ 那些多吃的咸盐与多走的桥，指点我们未来也教
  会我们对表 ▶

"孩子们把我当大家长，我也把她们当成自己的孩子。"高丽影说，"我没有女儿，所以对宿舍楼里的女孩特

别关注，经常看看从眼前走过的孩子是不是高兴，是不是有人陪伴，很喜欢她们过来找我聊聊天。"

有个数学系的女生，住在四楼，经常子夜一点多才一个人回来，高丽影有一天叫住她询问。小姑娘向她倾诉了自己的烦恼："阿姨我觉得数学特别枯燥，想退学。"高丽影劝她，"只有一年就要毕业了，退学多辜负你自己和家长"，建议她"先调整一下自己的作息时间，每天最晚11点半回来洗漱完马上上床睡觉，第二天早晨7点起床，整理好自己，8点带着充足的精神去上课，你先这样试一个月"。小姑娘听从了她的建议，一段时间后状态好多了，顺利毕业去了中国银行。

还有个学地质的同学，因为想要北京户口，答应和一家保健品公司签约，公司让她先交一万元的保证金。她将合同拿给高丽影看，高丽影认真看完，像自己的孩子找工作一样，前思后想帮她谋划："这份合同欠妥，因为对方要求你履行的义务多，给你的权利少，这不对等，将来一旦发生什么事，你会吃亏的！一年之后迁户口的承诺没有保证，保健品公司的风险也比较大……"直到这个同学最后和新疆的塔里木油田公司签约，老楼长的心才真正踏实下来。

楼长高丽影与楼内学生。

手绘创作《作息与合同》。

　　楼长们的爱既不分大小，也无远弗届。20 世纪 90 年代初，28 楼还没有阳台，衣服都晒在窗外的铁丝上。一遇到下雨天，曾担任 28 楼男生楼长的赵洪福就赶紧帮同学们把晾在外面的被褥收回来；每到风起，他都要围着楼转几次，把吹掉的衣服一件件捡回，一年内，居然捡了上千件衣服，绝大部分被同学们认领回去。

手绘创作《加"1"》。

据 1988 年担任 30 楼（当时为博士生男生楼）楼长的吴宝炬回忆："当时有一位计算机系的同学成绩优秀，但不拘小节。有一次，我吃饭的时候他提着裤子找来，让我帮忙修理坏掉的皮带卡子……寒假前一天夜里，他在一点多的时候大声敲楼长室的窗户，随后又大声敲门，相邻房间的学生也被惊醒，我以为出了大事，急忙翻身而起，结果是这位同学的导师第二天约他参加会议，他想和楼长对表……"有人打篮球受伤，楼长帮着按摩；有人住院，楼

手绘创作《对表》。

长们结伴去看望……时间长了，楼长和住在楼里的学生结下了深厚的忘年交，以至有人毕业留校后，每逢出差，会放心地把自己家的钥匙交给当年的老楼长保管。

◀ 坚持"剪报"是为了与你有话说 ▶

为了能了解同学们在想什么，更好地和同学们交流，高丽影坚持每天看报纸。"我知道楼里好多同学出国需要

手绘创作《剪报》。

办签证，当时因为'9·11事件'，美国签证暂停了一段时间，后来放开几天集中办签证，我刚一在《人民日报》上看到这个消息，就赶紧把报纸剪下来粘贴到楼长室外的小黑板上，让同学们知道。"

当个楼长可不只看看报纸那么简单，有时候要十八般武艺样样都会。20世纪90年代初，因为通信不便，常有同学找楼长买电话卡或是换零钱，楼长们偶尔收到假币，就操心起孩子们不会识别假币的问题。"我们做楼长的，就得力所能及地担起这个责任，教会他们。我们自

楼长高丽影与楼内学生。

楼长高丽影与学校领导。

己也不太懂，还专门去学，最后连两元的假币都能辨别出来，然后尽可能地教他们，有时候要教好几次，总之，他们不再上当，我们也就放心了，都是父母辛辛苦苦挣来的钱啊，被骗了就太不值了。"高丽影说完，饶有兴致地拿起钱来教我们辨认，真没想到识别一张假币原来有这么多方法。

手绘创作《认假币》。

◀ "38楼的楼长们，就像我们的妈。" ▶

"每次出去，都能看见几个温馨的小黑板；每次晚上回来，总能看见楼长码车的身影；每次有事，总是先找楼长解决。"

燕园里走出一代代的学子，每次离别前，他们都这样说。

而楼长们则是这样说的：

"告别之际，顿觉依依。美丽的燕园、充满活力的学宿中心，将是我永久的记忆。"

注：特别鸣谢陈宁女士、高丽影女士、北京大学公寓服务中心对本次采访的特别支持。

百廿之歌

燕园食事历

中国语言文学系 2015 级本科生　　　陈雅芳

外国语学院 2015 级本科生　　　李毓琦

信息科学与技术学院 2014 级本科生　　　符　尧

下课铃打响，正值饭点，白小念从教学楼走出，汇入汹涌人潮中。

学一、学五、农园、勺园、艺园、松林包子、燕南美食……"吃什么"已然成了白小念每日的例行三问，真愁啊，不知道以前的北大人会不会也像他一样愁。

◀ 朱生：新中国成立前的沙滩红楼食堂 ▶

同样是下课后，朱生犹疑了好一会儿，方才走到东斋门北侧的海泉居饭馆门前。他撩了下长袍，随即跨进了门槛。海泉居墙上挂着一幅署名"胡适之贺"的对联——"学问文章，举世皆推北大棒！调和烹饪，沙滩都说海泉'成'！"，这大抵是某个调皮的同学开的玩笑。朱生落座后，招手要了个北大特色菜"张先生豆腐"（传闻是某位姓张的北大学生所创），再加一汤，花卷米饭管够，便是一顿要价一毛五至一毛八的普通客饭了。

1935 年，在北大沙滩红楼一带，林立着无数的小饭馆，细数起来，红楼大门对面两家，东斋附近两家，第二院附近两家，沙滩西端一家。朱生称，不论走进哪家，只

消半个钟头工夫，再费几分钱到两毛钱，就可以管饱肚子。要实在想省钱的话，还可以上汉花园的小食摊上同洋车夫并排坐在那矮长凳上啃大饼。

到校外自行就餐称为"零吃"，在食堂就餐则称为"包吃"。学校里有可包饭的食堂，每日三餐，一人一月六七元。好比那据说自光绪年间就被老板包下来的西斋食堂，此食堂以小盘小碟小馒头出名，馒头两个对黏在一起，价廉物美。因为碟小，朱生和同学同去西斋食堂时，小碟子总是挤满桌面，一顿饭到最后却也所剩无几。

◀ 王生：解放初的沙滩红楼食堂 ▶

　　王生经过饭厅时，常看见墙上贴着许多"出让"或"征求"饭位的招贴。

　　当时校内食堂的包饭已经由专人承包改为学生自己雇工做饭，分为"米饭膳团""馒头膳团""丝糕膳团"和"窝头膳团"几种伙食团，饭钱是按月交的，同学由于各

种原因不能就食时，可以按顿按天出让和买进饭位。

　　1946年货币贬值，物价飞涨，奖学金不以实际金额而以袋为计数单位。王生曾获得三分之一袋面的"奖学金"，他用这"奖学金"中的三分之二吃饭，一天半斤多面吃不饱，就换成玉米磨碎蒸成的丝糕。

　　冬天一到，冻柿子和烤馒头便风靡一时。

　　柿子作为应季水果，常红彤彤地摆满校外的街道。王生将柿子放在窗台上，到第二天，就变成又冰又硬的冻柿子。北大复员时，王生用当时联合国救济署发的帆布雨衣换了一桶外国名牌克宁奶粉，吃冻柿子时刚好派上用场，他先在柿子上挖一个小洞，再倒点奶粉搅拌一下，就变成美味的自制冰淇淋了。

期末刷夜时，倘有烤干了的馒头，再配上冒着烟的热开水，那就再好不过了。思及此，王生咂巴了一下嘴。烤馒头的制作手法说来也简单——到餐厅吃饭时，顺手将那没吃完的馒头放进冬日大衣的口袋里暖着，回了宿舍就放在暖气片上烤一烤，不用多久，一个暖手又暖胃的烤馒头就成功出炉了。

这样好的零嘴是不常有的，一日三餐纵然单调了些，仍是同学们最为重视的。当时食堂的菜里少辣椒，王生身边有些嗜辣如命的同学可就受不了了——"湖南人初到北京，最不能忍受的菜是辣椒，对我来说，就如同没搁盐一样。"来自湖南、四川、重庆的八个同学凑了一桌，负责从东单菜市场找到最辣的尖辣椒，炒成菜拿到食堂共享，被其他同学们戏称为"辣椒小组"。

冻柿子
冰淇淋

烤馒头

◀ 李生：五六十年代的北大食堂 ▶

然而决定北大伙食水准的不是辣椒质量，而是历史和时代。

1952 年院系调整后，燕京大学的土地归北京大学收管，北大由沙滩红楼迁至今天的燕园。当时学生们的主要就餐场所是位于燕南正中的大饭厅。在大饭厅西头，向南延展出了一个比较小的学生饭堂，人称"小饭厅"。当时常吃玉米糊，领饭时多有碰蹭，李生无意间一扬手，碗边的玉米糊便在空中划出一道弧线，在身旁同学衣服上留下之后洗不掉的黄色粥印。这粥印被戏称为"第二校徽"，周末或节假日在海淀街和老虎洞逛街时，李生总能依靠衣服身后的一道道粥印判断同校同学。

50 年代初，食堂的主食一般都是高粱米、棒子面和白面掺和在一起的混合面馒头，只有食堂月底有伙食结余时，同学们才能"打牙祭"，吃点荤腥。到了三年困难时期，别说没有"打牙祭"了，食堂都差点到了"无锅可揭"的地步。

1959 年 3 月，食堂大锅使用情况告急，原来的二十口

大锅都补了不少补丁，其中有七至八口随时都有掉底的危险，原计划 9 月份开学后添八口新锅，最终却只无奈地借到了一口小锅。1959 年下半年，学校开始使用饭票菜票，饭票的规格为一两二两，每月三十三斤左右；菜票的规格为甲菜一角钱，乙菜八分钱，丙菜六分钱，丁菜四分钱。

多年后李生还忘不掉当时食堂曾推出的一款叶绿素窝头。食堂为了解决粮食定量不够吃、师生营养不良的问题，决定将学校的杨树叶打烂后掺在面里头蒸成馒头。这叶绿素窝头要比普通的馒头大了整整一倍，刚推出时，李生和同学们都兴冲冲地排队买这种个头较大的窝头，不料窝头下肚之后会在肚肠里结成疙瘩，有小拳头那么大。因而短短两三天内，叶绿素窝头便迅速下架。

叶绿素窝头不只在肚肠里结成疙瘩，更是反映了困难年代的诙谐与无奈。

到了1960年下半年，饭票改成了饭卡，卡中的格子数对应当月的定量，一张卡一个月，每天的定量则分为九个格子，一个格子一两粮，买几两主食，就在相应的格子里画上几个"×"。要在食堂用餐，除去带上饭卡，还需自己预备饭碗和饭勺，同学们把碗称为"李承晚"（与当

时韩国总统的名字谐音），下课时间一到，总会有"李承晚"碗勺当啷的响声提醒老师和同学，该下课吃饭了。

碗袋通常是同学们用廉价的毛巾对折缝制而成的，稍为讲究的女同学则会用花布制成，显得漂亮一点。

◀ 小许：八九十年代的北大食堂 ▶

当新的布袋替换掉自制的碗袋时，新的时代就此降临。

在 80 年代的北大，同学们大都有一个帆布袋，既装书，也承担着碗袋的功能。时代变了，同学们等待下课的焦急心情却是相似的。下课时间一到，小许就和身边的同学一起叮当叮当地敲起碗来，讲台上的教授闻声，心领神会地开始"总结一下"。

课毕，大家都以极快的速度跑出教室，拎着饭缸走入小饭厅（现在大讲堂的南半部分），排队等候打饭。食堂内椅子较少，小许打完饭后，往往就地蹲在大讲堂内吃起来，也有些人会到北面的紫藤架下吃饭，一个个小鸡啄米似的，几千人的场面，甚为壮观。

当时的小饭厅东面是几十棵柿子组成的柿子林。在柿

子熟的秋天里，工人们用长长的竿子钩柿子，下面几个人扯着白布接着。下手快的同学，则会在工人们行动前的晚上，抢先摘几个，早早地送去心仪女生的宿舍。

食堂通常具有开饭以外的其他功能。五六十年代起大饭厅便有放映电影的传统，到八九十年代，食堂还承担起播放球赛的功能，倘若重要球赛在晚上或半夜开踢，食堂也会开门放转播。每逢赛点，足球迷小许便早早地在食堂占好座位，翘首盼至夜深。转播球赛时熙攘的食堂仍可见五六十年代早早搬凳子占位、一晚上连看了三场《青春之歌》的学生们的身影。除去转播球赛，周末的小饭厅还是北大舞会的举办场所之一。夜幕降临之时，在混杂着米粥、馒头味道的小饭厅，舞会也伴着喧闹的音乐声就此开场。小许常在小饭厅里跳舞，他记得，大饭厅的水泥地黏糊糊的。跳完了舞，同学们常常远远地招呼他去西门外新开的烤鸡翅店里撮一顿。

他们大多没有意识到，与西门烤翅共同开启的，是一个近百年来北大学子们都未曾体验过的全新的时代。

食是恒常不变的选择，百多年来，朝往夕来，时代更迭，几代北大人的食事，被无数的晨昏和晚霞温柔地注视，凝为一个又一个的时代速写。

2017 年的北大，踌躇之际，白小念被身旁的大叔唤住——"同学，百讲怎么走？"

交代了具体路线之后，白小念补了句，"那以前可是大饭厅啊"。原址在百讲的小饭厅，后来搬迁到学五和学一之间，更名为康博斯，包括中西餐厅、饺子部和面食部。白小念入学的时候，康博斯旧址已成一块竖起了银色隔板的空地。早些时候，隔板未立之时，从空地与 31 楼间的小径经过，视线还可以越过这块空地，看到另一头的学五和艺园。

预计到 2019 年，一栋总面积约 34000 平方米的餐饮综合楼会在这块空地上拔地而起，正式投入使用。

在旧楼倾颓新楼拔地而起的演进中，嵌入每位北大学生的日常琐屑中的燕园食事被一点点地织就而成。

时来时往，食事常新。

注：文中人物均根据相关材料虚构，手绘配图来自中国语言文学系 2015 级本科生向华羽，特此鸣谢。

闻一多：文以载道

哲学系宗教学系 2016 级本科生　　张　丁

城市与环境学院 2016 级本科生　　郑乐怡

中国语言文学系 2015 级本科生　　田　淼

闻立雕回忆，父亲闻一多曾花了不少心血研究闻氏家谱。在他的研究中，"闻"姓源于文天祥。元朝统治者震惊于南人风骨，曾于星夜号令军马前往江西吉安擒拿文天祥家属。文家人隐姓埋名，化"文"为"闻"，踏上了流亡的旅途。文家人溯江而上，在湖北鄂东的浠水县驻扎下来，搭起了闻家铺。自此，文家风骨薪火相传，诗书继世，七百年来为一书香门第。

◀ "旅行团"中的游客 ▶

"七七事变"后，华北战局每况愈下，清华、北大、南开三校组为临时大学，迁往长沙，时任清华大学教授的闻一多也随学校南下。南京沦陷后的1938年，日寇长驱直入，长沙遭受其一次次的轰炸，警报声一次次惊扰着暂居此处的国立长沙联合大学。学校不得不西迁，是为国立西南联合大学。

而此时，闻一多已经是五个儿女的父亲。旧友顾毓琇担任国民政府教育次长，盛情邀请他到武汉出山相助。是时，闻一多在长沙的课程结束，返回湖北老家同妻子儿女团聚。若他留任教育部，非但生活比大西南更加舒适，更重要的是兵荒马乱之际，可避免同骨肉分别之痛。

但闻一多拒绝了职位。"仅国学中某一部分，兹事体大，万难胜任。且累年所蓄著述之志，恨不得早日实现。近甫得机会，恐稍纵即逝，将使半生勤劳，一无所成，亦可惜也。"闻一多复信顾先生如是写道。

在闻立雕看来，闻一多仍有一层原因未表：他曾有一段痛苦的政治经历，1927年他接受了国民革命军总政治部邓演达的邀请，担任政治部艺术股股长、英文秘书。时值"四一二"前夕，政治空气的变化逼迫他离开官场，回到任教的上海政治大学——而这所学校，在"四一二"期间也被查封。闻立鹏回忆称，自此闻一多便对追名逐利、尔虞我诈的官场避之唯恐不及。

自1925年归国以来，闻一多辗转六所学校，由美术家转向为诗人，再转为学者。身份一变再变，却始终诲人不倦。而如今，闻一多不得不惜别爱妻子女，前往大西南。

妻子不满他的决定，他复信说："你或者怪了我没有就汉口的事，但是我一生不愿做官，也实在不是做官的人，你不应勉强一个人做他不能不愿做的事。"

两难之际，闻一多也颇多无奈。他给妻子的信中写道："想来想去，真对不住你，向来没有同你出过远门，这回又给我逃脱了，如何叫你不恨我？

"上星期未得你的信，等到今天已经星期三了，还不见信来，不知是什么道理。

"你答应我每星期有一封信来。虽说忙于动身，也不应连写信的工夫都没有。在你没来到以前，信还是要写的。"

寄给次子闻立雕的信中，他写道："我在家时曾嘱你特别要多写信来。难道我一出门，你们就把我忘记了吗？"

1938 年 2 月 19 日，闻一多、黄钰生、曾昭抡、袁复礼、李继侗等教授及部分教师、男同学组成"湘黔滇旅行团"，徒步入滇。途中六十八天，"打地铺睡觉，走累了之后也一样睡着，臭虫、革蚤、虱实在不少，但我不很怕"。"至途中饮食起居，尤多此生从未尝过之滋味，每日六时起床（实则无床可起），时天未甚亮，草草盥洗，即进早餐，在不能下咽之状况下必须吞干饭两碗。"

"旅行团"中，始终徒步的只有闻一多、李继侗和曾昭抡三人。到达云南后，闻一多致信妻子记录道："我们到了昆明后，自然人人惊讶并表示钦佩。畅今甫（及西南联大常务委员会秘书长杨振声）在长沙时曾对人说：'一多加入旅行团，应该带一具棺材走。'这次我到昆明，见到今甫，就对他说'假使这次我真带了棺材，现在就可以送给你了。'于是彼此大笑一场。"

西南联大到达昆明，当时校舍不足，文、法学院先暂行在蒙自设立分校，待昆明校舍修建完毕后迁回。蒙自本是云南省内第一个繁荣的城市，法国人修筑滇越铁路时，蒙自人誓死反对铁路通过。自此，蒙自的繁荣被昆明占去。此时蒙自没有饭馆，没有澡堂，嗜茶的闻一多在一个多月的时间里只能用白开水解渴。曾经繁荣的"遗迹"——洋房——早已无人居住，以每年两三元的租金租给联大充作校舍。对此，闻一多打趣说："他的繁荣仍旧无法挽回，直到今天，三百多学生，几十个教职员，因国难关系，逃到这里来讲学，总算给蒙自一阵意外的热闹。"

外界环境艰苦乏味，闻一多却乐以忘忧。在他看来，清静祥和的环境正是安心学术之人所需。他致信张秉新称："蒙自环境不恶，书籍亦可敷用，近方整理诗经旧稿，素性积极，对国家前途只抱乐观，前方一时之挫折，不足使我气沮，因而坐废其学向上之努力也。"

西南联大教授郑天挺回忆说："闻先生十分用功，除上课外轻易不出门。饭后大家去散步，闻先生总不去。"自

1946 年 5 月 3 日，中国文学系全体师生在系办公室前合影。

此，闻一多多了一个雅号："何妨一下楼主人"。7 月 23 日，文学院课程结束，该院在蒙自的时光也就此结束，闻一多回到昆明，而这个雅号也传到昆明，一时成为联大美谈。

华罗庚曾在日寇的空袭中遇险，险些丧命，走投无路之际，闻一多主动腾出一间房，两家老小隔帘而居。华罗庚回忆称："在这里，我才算真正认识了闻一多……隔帘而居期间，我伏首搞数学，他埋头搞'槃瓠'，先生清贫自甘的作风和一丝不苟的学风都给我难忘的印象……无论春寒料峭还是夏日炎炎，他总是专心工作，晚上在小油灯下一直干到更深，陶醉在古书的纸香中。"

◀ 战火中的缪斯 ▶

1939 年初，武汉失守、广州失守的讯息传至云南。一时，败北主义的言论甚嚣尘上。闻一多回忆起当年的生活，吃饭成了他的一大痛苦：其一是饭菜太淡；其二便是同桌的亡国论者总会得意扬扬地指着报纸上失利的讯息，佐证自己"英明"的判断。

要斗争，要反抗，闻一多重操戏剧旧业。

闻一多戏剧的实践早在清华时期便开始了。1913 年闻一多刚入清华不久，清华组织戏剧比赛。闻一多自编自演了反映武昌革命的《革命军》，大获成功，获全校第二名。清华毕业后，1922 年闻一多前往美国深造，对于戏剧的喜爱更甚。"画兴不堪问，诗性偶有，苦在没有工夫执笔。倒是戏兴很高。自从来此，两次演戏，忙得我头昏脑乱，没有好好地画过一次画。课是整星期的 cut（逃课）。"

《牛郎织女》《杨贵妃》《琵琶记》……闻一多同张嘉铸、熊佛西、余上沅等戏剧友人为美国带来了数部精美的中国古装剧。1924 年在纽约公演的《杨贵妃》一剧尤为引人注目，其中的古装图案均为闻一多手绘，富丽堂皇，古朴雅致，纽约的观众为之赞叹。余上沅回忆称："《杨贵妃》公演了，成绩超过了我的预料。我们发狂了，三更时分，又喝了一个半醉……彼此告别，决定回国。'国剧运动！'这是我们回国的口号。"他们在纽约计划这一运动，计划书写了几十次：创办杂志、建立学校、训练演员……总之，要复兴中华戏剧。

在"国剧运动"的使命驱动下，1925 年 5 月闻一多启程回国。"此次回国并没有什么差事在那里等着我们，只是跟着一个梦走罢了。""文化之征服甚于他方面之征服百千倍之。杜渐防微之责，舍我辈谁堪任之？"

于是，日寇蹂躏中华民族国土之时，闻一多重操戏剧旧业。西南联大外文系教授陈铨将法文剧本《沉钟》改编为《祖国》的剧本。《沉钟》讲述一位钟楼老人敲钟，将睡梦中的人们敲醒，这恰与惊醒群众起来反抗的主题暗合。

身为画家的闻一多亲自上阵参与布景工作。他运用灯光的变换配合剧情发展，用黄色体现忠勇，用蓝色衬托悲惨，场景不换，便把气氛感情的变化衬托出来。在剧中出演的张定华回忆称，同学们水平不足，身为中文系教授的他拿起画笔，亲自上阵。"《祖国》的布景是诗人的布景。"身为观众的心丁说。

《原野》是曹禺继《雷雨》《日出》后的又一力作。闻一多致信曹禺说："演出《原野》就是要斗争，要反抗。"闻一多为演员设计服装，也力求细腻以衬托人物性格。张定华回忆道："他给凤子（《原野》一剧的主角）设计的服装就是一身花。花裤子，花布袄，戴一副银镯子，头上插一朵花。反正让你觉得非常俏皮，是很典型的一个农村的小媳妇。"而为了制成这样的演出服装，他亲自跑了不少估衣店。闻一多向曹禺建议，焦大妈堂屋桌子必须给人Massiveness（沉甸甸）的感觉，以暗示封建压力的沉重。除此之外，闻一多还指导舞台效果，就连狗叫声都要亲自设计指导。

"有一个场景，舞台上有一个火盆，火苗要不断地往上冒。他反复琢磨如何能制造出这样的效果，最后想到把电风扇放倒，在电风扇的铁丝网上粘一些红纸条，下面安上红灯泡，打开电风扇，配合灯光，就像火苗一样。"闻一多次子闻立雕回忆道。

为了这一部戏剧，闻一多倾尽全力。闻立雕说，闻一多把其他工作，包括学术研究的工作都全部放下了，专心

1944年闻一多教授公开挂牌治印，从他写的信中可略窥一二："第三经济状况更不堪问。两年前，时在断炊之威胁中度日，乃开始在中学兼课，犹复不敷。经友人怂恿，乃挂牌刻图章以资弥补。最近三分之二收入端赖此道"。

1944年闻一多教授公开挂牌治印。

致志地来设计戏中的布景和服装。国难当头，"何妨一下楼主人"终于下楼了。

1939 年 8 月 16 日《原野》公演，闻一多亲自撰写《说明书》："蕴蓄着苍茫浑厚的诗情，原始人爱欲仇恨与生命中有一种单纯真挚的如泰山如洪流所撼不动的力量，这种力量对于当时萎靡的中国人恐怕是最需要的吧！"

在他看来，戏剧就是救国。

张定华还记得闻一多对西南联大剧团同学们的教诲："不要忘记我们的国家正在抗战，我们的同胞正在受苦。我们要好好演戏，也不要忘了，是国家和人民让我们来念书，这更是我们的使命。"

◀ **最后的讲演** ▶

1945 年 8 月，日本宣布无条件投降，闻一多欣喜之余，剃掉了蓄了八年之久的胡须——他曾誓言，一日不胜利，便一日不剃须。但是等待着闻一多的不是胜利的光明，却是白色恐怖下的黑暗。

1945 年 10 月 25 日，西南联大的"民主草坪"上，学生举行了反内战时事讲演会。而这一次，向来热心民主事业的闻一多首次缺席了民主集会——他言辞过于激烈，担心自己出席集会会给国民党当局破坏活动的口实。

华罗庚说："从 1944 年开始，闻一多就开始由一位诗人、学者，变成为和平民主奔走呼号的战士了……有一次，我和他谈起身上的这种变化，他激动起来，对我说：'有人讲我变得偏激了，甚至说我参加民主运动是由于穷疯了。可是，这些年我们不是亲自看到国家糟到这步田地！人民生活得这样困！我们难道连这点正义感也不该有？'"

有一件事极大促成了闻一多态度的转变：国民党军队内部腐败黑暗，军官克扣普通士兵粮饷，大发横财，若有反抗则拳打脚踢。军官还指挥着士兵犯下诸多暴行：一天晚上，国民党在街道敲锣打鼓，组织村民来看电影。但是电影只放了开头就停止了，军队冲上前来抓壮丁，抓到之后便绑上，强行拉走。"我父亲在那里看到这一幕，义愤填膺，怎么这么个干法呢！"闻立鹏说。

昆明当局面对着冯友兰、华罗庚等西南联大教授关于士兵待遇的质问闪烁其词。闻一多对这官腔厌烦透顶，忍不住猛地站起来说道："现在好比房子失火，大家要来抢救。以前我们看一切都悲观，还希望也许在战略上有点办法。今天在这里听见各位长官的话，才知道战略上也很有问题。我只差要在街上号啕大哭！没有什么讨论的，现在只有一条路——革命！"

闻一多激烈的言辞越发多了。时人赞叹他的仗义执言，但是更多人担心他的安全。历史学系的学生许师谦对闻一多说："我以你学生的资格，要求你爱护自己一点。因为今天讲真理的人太少，我们经不起敬爱的长者的损失。"闻一多听后，半晌无言。

在 1945 年 10 月 25 日的民主集会上，尽管闻一多没有出席，国民党反动派仍然试图破坏集会：国民党精锐部队开向会场，向会场上空射击。学生们罢课抗议，12 月 1 日，国民党反动派对学生进行大肆镇压，四名师生牺牲。

"为什么扑灭民主的火焰？为什么折断和平的内验？为什么摧残自由的鲜花？让人民，让正义和真理给你们严厉的惩罚吧！"余丹在罢课委员会的办公室中写成一首短诗，谱成了曲。次日，这首《为什么？》便在昆明上空回荡。

1946 年 7 月 11 日，早就被列入国民党刺杀名单的民主战士李公朴被国民党特务杀害，临终前，只留下了一句"我完全为了民主"。7 月 15 日，李公朴先生遗体火化之前，李先生牺牲报告会在致公堂召开。文庄身为学联的负责人，在会前正在视察会场的情况。他推开学生自治会办公室的大门，大吃一惊：怎么闻先生来了？

"当时没有通知闻先生，就怕他来。李公朴先生遇难的时候，文庄的爱人写了一首诗，名为《提防第二枪》，而敌人的枪口正是对准闻一多呐。"在报告会现场的余丹回忆道。

"当时悬赏提高到了250万法币，大家都太为闻一多担心了。文庄当即劝说闻一多不要参加会议，太危险了。"

"我不来参加，怎么对得起死者！"闻一多厉声说道。

一番争执之后，他们达成了协定：只出席，不发言，派人接送。

报告会开始了，"李先生失去了生命，但是反动派失去了人性！"李公朴先生的夫人难以继续。

闻一多再也压抑不住内心的怒火，拍案而起，站上讲台，即席发表了他最后的讲演：

"这几天，大家晓得，在昆明出现了历史上最卑劣、最无耻的事情！李先生究竟犯了什么罪？竟遭毒手，他只不过是用笔写写文章，用嘴说说话，而他所写的，所说的都无非是一个没有失掉良心的中国人的话！

"今天，这里有没有特务！你站出来，是好汉的站出来！你出来讲！凭什么要杀死李先生，杀死了人，又不敢承认，还要污蔑人，说什么'桃色案件'，说什么共产党杀共产党，无耻啊！无耻啊！

"我们有这个信心：人民的力量是要胜利的，真理是永远存在的。历史上没有一个反人民的势力不被人民毁灭的！希特勒、墨索里尼不都在人民之前倒下去了吗？翻开历史看看，你还站得住几天？

"我们不怕死，我们有牺牲精神，我们随时像李公朴一样，前脚跨出大门，后脚就不准备再跨进大门！"

其实，闻一多早已做好了牺牲的准备，在生命的最后几天，他在赶制一方"其愚不可及"的印章。他在1941年讲授屈原的时候曾谈道："子华子重己而不贵生，慎到贵生而不重己……前者愚不可及，后者智不可及，屈原就是前一思想的实行家。"他以屈原为偶像，早已将生死置之度外。

在学生们的护送下，闻一多安全回到了住处。他习惯性地把手杖往屋门上一挂，转身对妻子高真说："你放心了吧？你看，我这不是又回来了吗？"

闻一多自以为已经安全无虞。于是在下午，他放心地前往离家二百米的《民主周刊社》招待记者。四点多，儿子闻立鹤去接他——料想没有安全危险，父子二人朝向家

1944年冬在昆明西仓坡建成的教授宿舍。1945年12月1日闻一多教授即在此宿舍大门外被特务暗杀。

门走去。

闻立鹏回忆道，街道上，叫卖声没有了，邻家院子搬走了，空气里剩下死一般的寂静。当还剩下二十几步路时，子弹像雨点一样向闻一多倾泻过来。闻一多抱紧头，栽倒在地。闻立鹤扑倒在父亲身上，身中五枪，肺部被打穿，失去了知觉。

鲜血染红了土地。

百廿之歌

西南联大生活史：
写满"不在乎"的一篇闲诗

哲学系宗教学系 2016 级本科生　　　　李辛夷

信息管理系 2016 级本科生　　　　　　洪采菲

中国语言文学系 2015 级本科生　　　　田　淼

◀ 饥饿、雨和铁屋顶 ▶

"我上大学的时候有这种感受，这是一句真话，我认为大头菜炒肉丝就是世界上最好吃的东西。"

1942 年，胡邦定进入西南联大历史系。初入大学时，他几乎每顿饭都吃大头菜炒肉丝。"黑大头菜，是云南的特产，挺好吃的。这已经挺好了，我听沈老师（沈克琦）说，有一阵子，在联大吃的都是八宝饭。哪八宝呢？有谷、糠、秕、稗、砂，还有鼠屎和霉味。"

当时胡邦定二十岁出头，正值精力旺盛的时候。"真是饿！肚子总在咕噜咕噜地叫。可有什么办法呢？我穷得要死，连烤饵块都吃不起，更别说过桥米线了。"

过桥米线是云南流行的吃食，同学们假若有钱就会走到大街上找米线铺。"有氽肉米线、螺蛳米线、肠旺米线，一碗一碗地卖。"西南联大校友张定华回忆道。摊主把米线煮过后放在竹箅子上晾冷，各种馅料也提前做熟，等到有人去买，他就在小锅上一份一份地煮。"虽然不是那么特别，可是味道很好。"

大头菜、过桥米线以外，辣椒也是云南当地的特产。

张定华回忆，他们当时总买一点辣椒，请食堂炸了装在罐里，再买一瓶酱油，用辣椒和酱油拌米饭吃。"因为菜只有一点点，吃不饱，就把辣椒和酱油先搁在碗底，上头舀一勺米饭，一和，再加一点菜。"

在联大，对抗饥饿是一场漫长的斗争。在食堂里，每个人心中都打着小算盘：第一碗少盛些，快快吃完，便可提前去盛一满碗。不过由于饭不够吃，这个方法也解决不了问题，便有许多新办法冒出来：有人想到买个大碗盛饭，但在已有小碗的情况下再买大碗，经济上不胜负担；有人拿上大号漱口杯，还嫌不够，盛饭时便用力挤压，以至于杯中米饭颗粒不分。西南联大校友吴铭绩回忆，最有趣的是，有位同学漱口杯底下有一小洞，平时漱口用手指按住小洞尚可勉强使用，但用来盛饭时，上面一挤，下面便如面条一样挂下一段来。

不过，不论用什么方法，对米饭的争抢总是日趋激烈。饭桶刚抬出来，便被团团围住。吴铭绩的学长朱绍仁，在一次盛了饭突出重围时，发现眼镜上少了一块玻璃，四处找不到，只好站在饭桌上高呼："同学们，谁饭碗里吃到了眼镜片，请交还给我。"

当时短缺的不仅仅是米饭。现在去参观的人很难想到，昆明西郊保留着的一间铁皮屋顶教室，出自著名建筑学家梁思成、林徽因夫妇之手。由于物价飞涨，校舍的设计一改再改，宿舍也由铁皮顶换成草顶。西南联大校友刘学兰形容："每间草房是豆腐块一样的长条。这个长条上头是草，旁边也是草，中间开一个大一点的口，就算门。旁边开几个小口就是窗户，里面就是摆上下铺，男生住。"

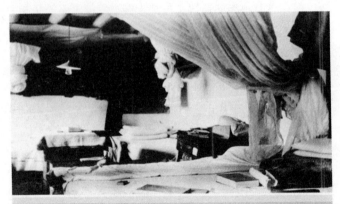

学生用床单或帐子把靠近的两床隔开，以减少干扰。图为拥挤的学生宿舍。

一间草房要由四十个男生共享，每两人有一张双人床，两张床一个单元，中间放一个木板钉的桌子，上有一灯。单元之间用床、油布和行李隔起来，彼此不认识，但是呼吸之声相通。胡邦定回忆，有一次和下铺李凌吵架，李凌骂了一句"浑蛋"，恰好隔壁单元也在辩论，以为是在骂他，跳过来大兴问罪之师。"我跟他解释了好半天，不是骂你们的，是骂我，这事情才算过去。"

教室的屋顶是马口铁做的，比宿舍好在漏雨的情况少，但一旦下起雨来，雨点便"叮叮咚咚"地敲着房顶，盖过了教授讲课的声音。一则著名的逸事里，金岳霖在雨天讲课，声音怎么也盖不过屋顶的演奏，干脆宣布："停课赏雨。"

◄ **"第二自习室"** ►

联大学生求学途中遭遇的困难，不仅仅是课堂上的雨点和拥挤不堪的宿舍。由于联大宿舍灯光太暗，晚上根本没法看书。胡邦定回忆，当时若想学习，出路只有两条：一是去图书馆抢座。说"抢"，是因为"僧多粥少"：以

1940年9月昆明发布第一次空袭警报，此后日机频繁骚扰，西南联大被炸。11月13日常委会决定成立西南联大叙永分校，以城内庙宇为校舍，有一年级及先修班学生600余人。1941年8月13日叙永分校撤销。图为校舍春秋祠。

用作男生宿舍的庙宇春秋祠。

工学院图书馆阅览室。

1942 年为例，文、理、法三院共有 1600 多人，共用的新校舍大图书馆只能容纳 800 多人。图书馆每晚七点开门，六点一过，就有人陆续到门口等候了，大门一开，黑压压的一群人蜂拥而入。挤进去之后，不仅要自己占座，还用书本、笔记本乃至椅垫，代好友占座。"有的男同学为了照顾自己心仪的女生，每天特别殷勤地为她占座，这无疑是比请吃焖鸡米线更受欢迎的'骑士行为'。"

另一条出路，则是坐茶馆。在新校舍附近文林街、凤翥街一带有很多茶馆，每家有十多张方桌，可容纳五六十人。在茶馆里，泡上一碗茶或只要一杯白开水，便可以坐上一天。该去食堂吃饭时，就和老板娘打个招呼："茶留着，晚上还要来。"茶馆里当然不如图书馆肃静，看书的、聊天的、打桥牌的各行其是。"联大规定学生修业四年，要读132个学分才能毕业，我看有人打桥牌所费的时间，不少于40个学分。"

就是在这种嘈杂的茶馆里，不少人仍坚持着自己的学术探索。汪曾祺的最初几篇小说，即是在钱局街上的一家老茶馆里写的。"茶馆离翠湖很近，从翠湖吹来的风里，时时带有水浮莲的气味。"他回忆，有一年《哲学概论》的期终考试，他就是把考卷拿到茶馆里答好了再交上去的。

不过即使在茶馆里听人聊天，有时也能听到惊人之语。西南联大校友何兆武曾在茶馆里听见杨振宁和黄昆两人高谈阔论：

"爱因斯坦最近又发表了一篇文章，你看了没有？"

"看到了。"

"以为如何？"

杨振宁把手一摆，不屑地说："毫无originality（创新），都是老糊涂了吧。"

◀ "他们也穷得要死啊！" ▶

即使一碗粗茶只需要几分钱，也并非所有人都有泡在茶馆的闲钱。由于拮据，兼差成了很多联大学生补贴生活的方法，从兼任中小学教员到邮局、银行、商店的职员店员，应有尽有。昆明中午十二点要在山顶放炮报时，就有联大化学系的学生去兼任放炮员，"做一个土炮，里面弄黄泥，然后弄炸药，'砰'的一下"，还曾因为考试耽误了放炮时间，影响了许多人的生活。

最普遍的兼差是做家庭教师。由于当时昆明是边境城市，在太平洋战争前，有很多云南商人做国际贸易，赚了许多"洋财"，也进行了一些教育投资——请家教。西南联大校友王景山用"收入不菲"形容他做家教的收入——"我做了一个暑假，赚来的钱足足吃了一学期校门外小摊上的豆浆、鸡蛋、糯米饭早点。"

那些具有专业优势的人，做起兼差来更得心应手。经济系的同学精通会计，便去金店里面兼职，已经算得上兼差中的高薪行业。外语系英文好的人，便去翻译电影挣钱——放映英文电影时，翻译的同学站在一边，电影里说一句，他便用扩音器翻译一句。在遇到接吻镜头时，翻译的同学一时尴尬，便会有热心的观众自愿帮助，用云南口音喊道："他们在打 kiss 咯！"不仅是同学，外文系的教授也会翻译英文电影的字幕——"他们也穷得要死啊！""桥女歌声""出水芙蓉"这些译名，都出自当时联大外文系教授的译笔。

为了补贴家用，梅贻琦校长的夫人牵头，与潘光旦的夫人、袁复礼的夫人商议做些能卖的东西换取些许收入。最后，他们决定做糕点，取名"定胜糕"，寓意着抗战一定胜利。据袁复礼的子女袁刚、袁扬描述，定胜糕是两到三两的米粉糕，浅粉红色，味甜，形状像银元宝，表面嵌有两块核桃仁和两块糖腌的猪油。糕点做好后，由梅夫人提着篮子来取货，送去冠生园等商店寄卖。

"由潘夫人处取来米粉，洒水湿润后放在一个大木模中在火上蒸熟。用当时昆明做饭烧木炭的小红泥炉子，一锅只能蒸一只，蒸好后冷却，脱模后用透明纸包好。"袁扬回忆，每次放学后如果家里在蒸糕，他们姐弟都一齐帮忙装料、脱模。个别的糕在脱模时损坏，小孩才可以分而食之，"感觉美味无比，至今记忆犹新"。

即使在联大的时光正值战时，也无法抹去女生们内心对美的追求。张定华的爱人曾回忆在联大遇见她时的印象："像大小姐，一点也看不出是共产党，穿着旗袍、高跟鞋，还化着淡妆。"不过，像她这样家境优裕的女生，带去的衣服是各种料子的旗袍，但更多普通的女学生穿着的是各种蓝色的布褂。冬天穿深的阴丹士林（德语，indanthrene），夏天穿蓝颜色的。遇到进城或有事，才会换上花衣服。

不单是衣服，女孩子想保护皮肤，就买来鸡蛋，晚上洗过脸后，把蛋清涂在脸上，和今天的面膜一样。剩下的蛋黄，也绝不浪费，等到第二天早上搁在粥里烫了。

头发也绝不能怠慢。当时流行电烫，烫过的卷发可以保持很久，但一是太贵，二是若弄不好，满头都是卷，好像"狮子头"一样。张定华回忆，女生们睡前把头发湿点水，拿黑色的电线卷起来，卷成三个或四个，第二天早上放下来一梳，就好像烫过一样。

男生便没有这样的讲究，多数穿着联大发的衣服。是很浓的黄色，既像熟杏，又像芥麦糕，十分扎眼。"云南的芥麦糕，底下是糕，上面抹一层豆沙。我们女同学开男同学玩笑，说远远一看他们就是一堆芥麦糕：底下是黄的，上面一层黑豆沙，就是他们的头发了。"

后来，当翻译官和参加青年军的同学陆续回来了，便带回了一股穿美式 GI 军服的潮流。再后来，驻昆明的美军越来越多，街上就出现了专卖美军用品的小店，从全套的军装到军毯、蚊帐、睡袋，物美价廉，同学们趋之若鹜，即使再囊中羞涩，也要挤出钱买双翻皮大靴子。

◀ "见机而作，入土为安" ▶

在联大人的回忆中，还有一项难以回避的"课外活动"：跑警报。日本军队首次轰炸昆明，是 1938 年的秋天。汪曾祺的回忆录对这件事有详细的记载，他写道："当时昆明几乎说不上有空防力量，日本飞机想来就来。有时竟至在头一天广播：明天将有 27 架飞机来昆明轰炸。日本的空军指挥部还真言而有信，说来准来！"

警报分三种：预行警报，表示日本飞机已经起飞；空袭警报，表示日本飞机进入云南省境了，但进云南省不一定到昆明来；等到紧急警报，连续短音，才可以肯定是朝着昆明来的。八九点钟时，警报响起，大家跑到西南联大西北边的山上，到下午两三点警报解除后再回来，这就叫作"跑警报"。空袭警报到紧急警报之间，有时要间隔很长时间，所以到了防空沟旁的人都不忙着下防空沟——"沟里没有太阳，而且过早地像云冈石佛似的坐在洞里也很无聊，大都先在沟上看书、闲聊、打桥牌。"利用躲在防空沟里时的无聊时光，不少人用碎石子在沟壁上嵌出图案，缀成对联。汪曾祺回忆，其中有一副是"见机而作，入土为安"，另一幅是"人生几何，恋爱三角"。

有人希望通过跑警报成就佳话，于是每当警报响起，就提起些许零食，在路上等待心仪的对象，一同往山上走去。有人希望通过跑警报发财。汪曾祺记载："曾有一位哲学系研究生作了这样的推理：跑警报的人总会把一些值钱的东西带在身边，最值钱的是金子——金戒指。有人带金子，必然有人会丢掉金子，有人丢金子，就有人捡到金子，我是人，故我可以捡到金子。因此，跑警报时，他总是很留心地巡视地面——他当真捡到过两次金戒指。"

也有人压根不跑警报，趁着学校人少好好享用一个热水澡，或者端着碗，就着远处的轰炸声，熬煮一锅银耳莲子羹。汪曾祺回忆起此事说："我们这个民族，长期以来，生于忧患，已经很皮实了，对于任何猝然而来的灾难，都用一种'儒道互补'的精神对待之。这种精神的真髓，即'不在乎'。这种'不在乎'的精神，是永远征不服的。"